划转国有资本
充实社会保障基金：
理论、测算与有效路径研究

崔开昌　丁金宏◎著

上海交通大学出版社
SHANGHAI JIAO TONG UNIVERSITY PRESS

内容提要

本书在延迟退休的政策背景下，运用人口转型理论、劳动价值论、公共产品理论、公共财政理论等，在"协调""共享"发展理念的基础上，构建了充实社会保障基金的中国模式。在对划转国有资本充实社会保障基金进行调研的基础上，运用系统动力学方法，构建我国人口预测模型，预测我国未来的养老保险缴费人口和领取人口；预测我国未来老龄化高峰期的养老保险收支缺口；测算划转国有资本充实社会保障基金的合理区间和最优比例，通过模拟仿真分析，验证划转比例的科学性和可行性；分析不同主体在划转中的博弈关系，探究划转的方案、路径，并提出划转的政策建议。

本书适合公共管理、社会保障等专业领域的学生、学者使用。

图书在版编目(CIP)数据

划转国有资本充实社会保障基金：理论、测算与有
效路径研究/崔开昌,丁金宏著. —上海：上海交通
大学出版社,2022.8
　　ISBN 978－7－313－27056－6

　　Ⅰ.①划… Ⅱ.①崔… ②丁… Ⅲ.①社会保障基金
－基金管理－研究－中国 Ⅳ.①D632.1

中国版本图书馆 CIP 数据核字(2022)第 120067 号

划转国有资本充实社会保障基金：理论、测算与有效路径研究
HUAZHUAN GUOYOU ZIBEN CHONGSHI SHEHUI BAOZHANG JIJIN:
LILUN、CESUAN YU YOUXIAO LUJING YANJIU

著　　者：崔开昌　丁金宏
出版发行：上海交通大学出版社　　　　　　地　　址：上海市番禺路 951 号
邮政编码：200030　　　　　　　　　　　　电　　话：021－64071208
印　　制：江苏凤凰数码印务有限公司　　　经　　销：全国新华书店
开　　本：710mm×1000mm　1/16　　　　印　　张：12.75
字　　数：201 千字
版　　次：2022 年 8 月第 1 版　　　　　　印　　次：2022 年 8 月第 1 次印刷
书　　号：ISBN 978－7－313－27056－6
定　　价：78.00 元

人口老龄化已经成为人类社会发展的必经阶段和必然趋势。未来一段时期,我国将进入深度老龄化社会,包括城镇职工养老保险和城乡居民养老保险在内的基本养老保险基金的缺口危机将逐步凸显,并将在老龄化的高峰期形成巨大缺口。在此背景下,划转国有资本充实社会保障基金成为弥补养老保险基金缺口的现实可行路径,也有利于发展第二层次、第三层次的养老保险,同时也有利于国有企业治理结构的优化。

本书在延迟退休的政策背景下,运用人口转型理论、劳动价值论、公共产品理论、公共财政理论等,在"协调""共享"发展理念的基础上,构建了充实社会保障基金的中国模式。在对划转国有资本充实社会保障基金进行调研的基础上,运用系统动力学方法,构建我国人口预测模型,预测我国未来的养老保险缴费人口和领取人口;预测我国未来老龄化高峰期的养老保险收支缺口;测算划转国有资本充实社会保障基金的合理区间和最优比例,通过模拟仿真分析,验证划转比例的科学性和可行性;分析不同主体在划转中的博弈关系,探究划转的方案、路径,并提出划转的政策建议。

本书共分 10 章:

第 1 章,绪论。主要介绍研究背景、意义、目标、方法及内容框架。

第 2 章,理论基础和文献评述。阐释划转的主要理论依据,将划转构建为充实社会保障基金的中国模式,并梳理分析国内外学者的研究成果,发现当前研究尚有待优化和突破的领域。

第 3 章,划转国有资本充实社会保障基金的现状和问题分析。回顾减持国有股、转持国有股、划转国有资本充实社会保障基金的发展历程，阐述国务院划转方案的主要内容，剖析划转方案的不足和实施中可能会面临的一些问题。

第4章，划转国有资本充实社会保障基金的需求侧分析。从我国人口老龄化，养老保险基金发展的不充分、不平衡，来分析养老保险基金的需求。

第5章，划转国有资本充实社会保障基金的供给侧分析。主要从全国国有企业、中央直属国有企业、地方国有企业的国有资本发展，来分析国有资本划转的经济基础。

第6章，全国国有资本充实社会保障基金方案仿真模拟。运用系统动力学理论与方法，构建人口预测模型，预测我国未来的人口规模、结构和养老保险的缴费人口和领取人口，测算我国未来的养老保险基金收支及缺口，设置仿真实验，模拟仿真不同总和生育率下国有资本的不同划转比例对充实社会保障基金缺口的发展趋势，模拟最优的划转比例，确定划转的合理区间。

第7章，地方国有资本充实社会保障基金方案仿真模拟。以山东省为例，运用系统动力学模型，模拟仿真山东省的划转比例。

第8章，划转国有资本充实社会保障基金的路径设计。分析不同主体在划转中的博弈关系，提出划转的科学方案与实施路径。

第9章，划转的政策建议。主要从划转的法律、技术、市场、社会和人才层面，提出相关的具有可操作性的政策措施。

第10章，主要结论与研究展望。

本书研究新意在于建构了充实社会保障基金的中国模式，将划转作为中国特色的制度创新，以"协调""共享"发展理念，构建了这一中国模式的理论基础，阐释了这一中国模式的具体内涵和特征，并从社会共识、筹资来源、组织形式、运行机制等方面，论述了充实社会保障基金的中国模式的主要内容。在延迟退休政策下，本书对我国未来的养老保险基金缺口进行了测算，其人口基础数据更加真实。虽是基于第六次人口普查数据，但跟第七次人口普查数据整体趋势一致，模型较为科学。划转的比例研究是在我国国有资本和养老保险基金收支缺口预测的基础上，测算出了最优划转比例与合理的划转区间，其结果更符合我国国情。并且，就所测算出的划转比例，设置仿真实验，模拟仿真了政策实施效果,从而使得提出的划转比例、路径和政策建议,更具可信度,在一定意义上,可以为划转提供有效的理论和实践参考。

本书得到了教育部人文社会科学研究青年基金项目"划转国有资本充实社会保障基金:理论、测算与有效路径研究"(批准号 19YJC840007)、上海交通大学智库引导性研究项目(编号 ZKYJ－2020001)和上海工程技术大学著作出版专项的资助。

CONTENTS 目录

第1章
绪　论

本章就划转国有资本充实社会保障基金的研究背景、研究意义、研究目标、研究方法等问题进行论述。

1.1　研究背景和研究意义

1.1.1　研究背景

从全球来看,人口老龄化已经成为人类社会的必经阶段和发展趋势。目前,一些发达国家如美国、英国、日本等,已经进入深度老龄化社会。随之带来的是养老保险负担的日益加重。这些国家为了应对老龄化带来的养老保险基金收支缺口危机,采取了相应的应对措施。20世纪70年代以来,由于人口老龄化加剧、预期寿命提高,美国社会保障基金产生了严重的收支危机,逐渐引起了社会保障"私有化"的争论。英国为了应对人口老龄化,平衡养老保险的收支,也逐渐弱化了政府的责任,强调发挥私人部门的作用,更多地依托私营基金的分散性管理。日本是全球人口老龄化最严重的国家之一,为了应对人口老龄化,日本政府在养老保险领域进行了积极的改革,大力推动建立了多元化的企业年金制度。瑞典为了解决养老金不足的问题,建立了退休引导机制和自动平衡机制。德国为了缓解人口老龄化带来的诸多压力,推出了"三层次模式",以充分发挥企业和个人投入养老保险的积极性。

我国从20世纪80年代开始推行社会化养老保险模式的改革。1995年,国务院《关于深化企业职工养老保险制度改革的通知》，实行社会统筹与个人账户相结合的部分基金积累制的养老保险模式。随后，国务院于 1997 年颁布《关于建立统一的企业职工基本养老保险制度的决定》，标志着我国正式建立了城镇职工养老保险制度。但在实施过程中，由于企业难以承担过高的统缴费用，而退休人员的养老金又必须发放，只能挪用在职员工的个人账户来发放退休人员的养老金，导致个人账户"空账"运行，隐形债务规模巨大。

随着人口老龄化的加速发展，我国基本养老保险基金的支出压力日益增大。2000 年，我国正式进入了老龄化社会，如今我国的人口老龄化已经呈现日益加深的态势。据统计，截至 2016 年年底，我国 60 岁以上的老年人口突破了2.3 亿，其中 65 岁以上的老年人口突破 1.5 亿，占总人口比重已经达到10.8%。[①] 在人口老龄化加速发展的情况下，我国基本养老保险基金支出迅速扩大，未来养老保险基金缺口越来越大，在现行制度下所积累的养老保险基金，未来将难以持续维持养老金的支付。2016 年，全国已经有 7 个省份的城镇职工养老保险基金当期收不抵支，包括黑龙江、辽宁、河北、吉林、内蒙古、湖北、青海。其中，黑龙江的城镇职工养老保险基金不仅当期收不抵支，基金的累计结余也已为负数，为 −232 亿元。[②]

在养老保险基金的收入方面，我国同样不容乐观。少子化减少了养老保险基金的缴费人口，虽然我国于 2013 年实行了"单独二孩"，2015 年推出了"全面两孩"，2021 年调整为"三孩生育"政策，客观上进一步释放了生育潜力，但是这部分人口要成为养老保险基金的缴费人口，还需要长期的过程。新的生育政策无法从根本上扭转中国人口发展的长期趋势（彭希哲，2016）；我国人口的年龄结构将不断老化，从长期来看，劳动年龄人口规模持续缩减（翟振武、陈佳鞠、李龙，2017）。劳动年龄人口的持续减少，意味着养老保险基金缴费人口的持续萎缩，养老保险基金的征缴收入，也将面临难以持续增长甚至出现下降的趋势。在我国现行的现收现付制的基本养老保险制度下，征缴收入的减少，必然使得养老保险基金的支出面临更加严峻的形势。除此之外，据测算，延迟退休也仅仅有助于缓解我国基本养老保险基金的收支缺口（姚金海，2016；刘学

---

① 国家统计局.中华人民共和国 2016 年国民经济和社会发展统计公报［R］.2017 - 02 - 28.

② 21 世纪经济报道.官方社保报告：7 省份养老金当期收不抵支，1 省结余穿底！看看有没有你的家乡？［EB/OL］.（2017 - 11 - 13）［2020 - 05 - 10］. https://www.sohu.com/a/204122590_465287.

良,2014),并不能从根本上解决基本养老保险基金的缺口问题。

随着我国加速迈入深度老龄化,养老保险基金收不抵支的问题已经在部分地区显现出来,未来我国养老保险基金的收支缺口将面临更加严峻的形势。为此,党的十八届三中全会、五中全会两次郑重提出"划转部分国有资本充实社会保障基金"。2017 年 11 月,国务院出台《划转部分国有资本充实社保基金实施方案》(简称《实施方案》)。《实施方案》中的"社保基金"指的是社保基金中的基本养老保险基金,划转的目的是弥补养老保险基金的缺口。在国有企业发展壮大的情况下,划转国有资本充实社会保障基金,是"共享"发展理念坚持发展成果由人民共享的重要和现实的体现,可以有效地弥补甚至解决养老保险基金的缺口问题,有利于建立更加公平、更可持续的社会保障制度;同时,又可以进一步优化国有企业的治理结构,具有重大的理论和现实意义。

本书运用人口转型理论、劳动价值论、公共产品理论、公共财政理论、福利经济学、系统动力学和博弈论等,秉承"协调""共享"发展理念,尝试建构充实社会保障基金的中国模式,探究划转可能面临的问题及瓶颈;建立划转的需求侧和供给侧的分析框架,预测养老保险基金的收支缺口,测算划转国有资本充实社会保障基金的合理区间和最优比例,并提出划转方案路径和政策建议,以更有效地缓解养老保险基金缺口,建立更加公平、更可持续的养老保险制度。

1.1.2 研究意义

本文基于我国老龄化高峰期的养老保险基金收支缺口预测,以填补养老保险基金缺口为目标,科学合理测算划转国有资本充实社会保障基金的合理区间和最优比例,提出科学有效的划转路径和相关的政策建议,为国家和各省份划转国有资本充实社会保障基金,提供切实可行的指导建议,具有较强的学术价值和一定的实践参考价值。

首先,本研究探究现有划转方案的无风险划转路径,有利于形成完善养老保险制度的中国经验。国务院出台的现有方案,还存在着一些问题或不足。笔者对《实施方案》及其在实施中所面临的问题进行分析,探究划转中规避风险的实施路径;特别是,划转国有资本充实社会保障基金,并不是一项临时的应急之举,而是在人口老龄化加剧的背景下,对具有中国特色的充实社会保障基金的中国模式、中国道路的探索,从而进一步形成完善养老保险制度的中国经验。

其次，划转国有资本充实社会保障基金有利于缓解养老保险基金缺口。全国和地方社会保障基金理事会作为划转国有资本的承接主体，将资本聚集起来会形成巨大的资本累积；同时，其还持有各种形式的国有资本，例如股票、债券、土地、不动产等，可以规避风险进行投资，形成巨额利润，这就可以为弥补养老保险基金缺口奠定坚实的经济基础。另外，全国和地方社会保障基金理事会的资产，在必要时候，还可以对养老保险基金的支出进行补充和调剂，在兜底养老保险基金的同时，增强我国养老保险制度的可持续性发展能力。

再次，划转国有资本充实社会保障基金有利于国有企业治理结构的优化。国有企业国有资本股权结构中的大部分国家股、法人股，通常情况下，不允许在股票市场进行交易，在一定程度上影响了市场在资源配置中的基础性作用。另外，国有资产属于国家和人民，但国家所有者是一个抽象的概念，只能按管理者意愿来行使对国有资产的管理，在某种程度上，企业可能会出现权责利不对等、做大做优做强国有企业和国有资本意愿不足、内部风险管理制度不完善等问题，致使国有企业资本运营面临风险。划转国有资本充实社会保障基金可以使国家、法人、个人三者形成有机的统一整体，确定国有资产管理者的分配比例，有利于市场资源配置，避免发生企业内部监督管理不到位、国有资本增值空间不足等问题。本书将对划转国有资本充实社会保障基金的内在机理进行分析，分析划转对于各方尤其是国有企业的益处。

最后，划转国有资本充实社会保障基金有利于发展第二层次的补充养老保险和第三层次的商业养老保险。由于基本养老保险征缴收入长期依赖企业、政府，使得缴费率居高不下，这不利于企业的良性发展，同时使得政府兜底责任过大。划转国有资本充实社会保障基金可以缓解甚至逐步解决养老保险基金的缺口问题，逐步改变我国基本养老保险基金第一支柱"一枝独大"的弊端；在借鉴国外先进经验、完善我国基本养老保险的同时，大力发展补充养老保险，进一步激励企事业单位特别是企业健全完善年金制度，选取优秀企业作为范例，逐步推广。此外，划转还有助于加快商业养老保险制度改革，有助于拓展商业保险发展空间，充分发挥商业保险对基本养老保险基金的补充作用。

1.1.3　学术价值和应用价值

1) 学术价值

一是建构了充实社会保障基金的中国模式,将划转作为中国特色的制度创新,以"协调""共享"发展理念,构建了这一中国模式的理论基础,阐释了这一中国模式的具体内涵和特征,并从社会共识、筹资来源、组织形式、运行机制等方面,论述了充实社会保障基金的中国模式的主要内容。

二是在延迟退休年龄政策即将实施的政策背景下,运用系统动力学模型,科学、精确地测算未来我国养老保险基金的收支缺口。

三是运用系统动力学模型,模拟仿真养老保险基金缺口与国有资本划转之间的关系,测算划转国有资本充实社会保障基金的最优比例与合理区间。

2) 应用价值

一是提出划转国有资本充实社会保障基金的路径设计,即按照分类型、分阶段、分空间和全国社会保障基金对不同地区的补充划拨,进行划转。分类型,即按中央直属国有企业和地方所属国有企业分步划转,按商业类国企和公益类国企分步划转;分阶段,即按照 2020 年前、2020—2035 年、2035—2050 年等分阶段划转;分空间,即按东中西部经济地理空间进行划转;全国社会保障基金对不同地区的补充划拨,即创新性地测算了全国社保基金理事会在承接央企划转的国有资本后给予不同省份的补充划拨系数,从而促进划转在全国范围内的公平性。

二是通过对测算的最优划转比例的模拟仿真,在划转实施之前模拟仿真划转的实施效果,探究划转的优化路径,以期对划转提供理论指导和实践参考。

1.2　基本概念界定

1.2.1　国有资本

国有资本是国家的经营性资产,能够给国家和人民带来价值。国有资本属于国家所有即全民所有，是全体人民共同的宝贵财富。[①] 狭义上的国有资本是指国家的一种财产权利；广义而言，是属于国家的一种财产。国有资本同时具有以下特点：是国家向企业投资的一种行为，是可以依法转让的一种权利，能持续产生投资回报。本书中的国有资本广义是指国有企业利润、土地、固定资产、无形资产等相加的总额。

1.2.2　养老保险制度

养老保险制度是国家依法强制实施，以责任共担为主的原则筹集资金，以收入再分配的方式，对那些达到法定退休年龄或者因年老、疾病、伤残等原因失去劳动能力、退出劳动领域的劳动者给予相应的收入支持，以保障老年人基本生活、解决劳动者后顾之忧的一种社会保险制度（王延中、龙玉其，2017）。

目前，我国的基本养老保险制度，主要包括城镇职工基本养老保险和城乡居民基本养老保险。城镇职工基本养老保险的参保对象为城镇职工，实行社会统筹和个人账户相结合的方式，单位和个人按照规定比例缴费，单位缴费纳入社会统筹，个人缴费计入个人账户，职工达到法定退休年龄后，依法领取养老金。城乡居民基本养老保险的参保对象为城镇户籍非从业人员和农村居民，由此前的城镇居民养老保险和新型农村社会养老保险合并而来，城乡居民养老保险实行个人缴费，政府适当给予补贴，在参保人员符合领取条件后，同基础养老金一并领取。本书探讨的划转国有资本充实社会保障基金的养老保险基金，指的是基本养老保险基金，即城镇职工养老保险基金和城乡居民养老保险基金。

1.3　研究目标、研究方法及内容框架

1.3.1　研究目标

运用人口转型理论、公共产品理论、公共财政理论、福利经济学理论、系统动力学理论和博弈论等，秉承"协调""共享"发展理念，尝试建构充实社会保障

[①]　中共中央关于建立国务院向全国人大常委会报告国有资产管理情况制度的意见[R].2017 - 12 - 30.

基金的中国模式,分析划转的现状与问题,构建划转的需求侧与供给侧的分析
框架,运用系统动力学模型,预测我国未来养老保险基金的收支缺口,测算划
转国有资本充实社会保障基金的最优比例与合理区间,并进行政策模拟仿真
分析,验证划转比例的科学性,继而提出划转的科学方案、实施路径和划转的
政策建议,为我国全面深入推进划转国有资本充实社会保障基金提供理论依
据和实践参考。

1.3.2　研究方法

（1）实证分析法:采用实证调研,走访社会保障基金理事会、财政部门、国资
监管部门、证监部门、人力资源和社会保障部门、统计部门等,搜集相关基础数据,
为预测我国未来人口老龄化高峰期养老保险基金收支缺口,奠定可靠的数据基础。

（2）模型分析法:采用系统动力学方法预测我国人口变动趋势,测算养老保
险基金的收入、支出及基金缺口的发展趋势,测算最优的划转比例与合理区间。

（3）模拟仿真法:运用系统动力学模型,模拟仿真不同划转比例下的政策
实施效果,探究最优的划转比例和实施路径。

1.3.3　研究内容

本书的研究对象是划转国有资本充实社会保障基金的理论、测算和有效
路径。总体框架主要如下:划转国有资本充实社会保障基金的背景和意义、
理论基础、中国模式建构、文献评述、划转的现状与问题、划转的需求侧分析、
划转的供给侧分析、划转的最优比例与合理区间测算、划转的模拟仿真、划转
的路径设计与政策建议研究等。

1.3.4　研究思路和框架

1) 研究思路

在阐释划转国有资本充实社会保障基金的理论分析的基础上,建构充实
社会保障基金的中国模式,回顾划转国有资本充实社会保障基金政策形成的
过程,剖析国务院现有的划转方案的主要内容以及存在的问题;在需求侧和供
给侧分析的基础上,运用系统动力学理论与方法,预测我国未来的养老保险缴
费人口和领取人口,测算我国未来养老保险基金收支缺口;继而,测算划转国

有资本充实社会保障基金的最优比例与合理区间，并进行仿真；最后，提出划转的科学方案与实施路径，提出划转的政策措施。

2）研究框架

本书的具体研究技术路线如图1-1所示。

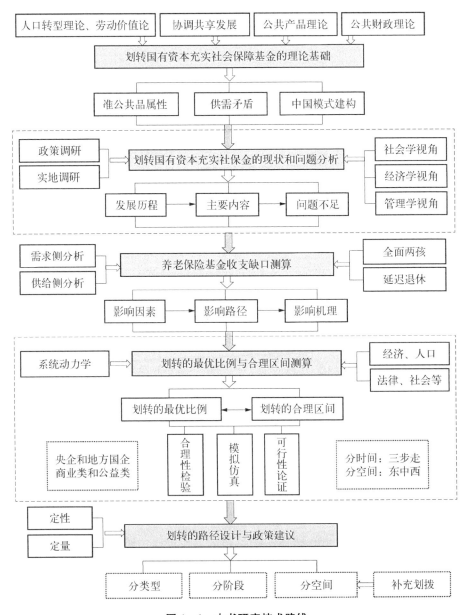

图1-1　本书研究技术路线

第 2 章
理论基础与文献评述

划转国有资本充实社会保障基金的理论起始于西方,发展于我国,有着一定的理论基础。

2.1　理论基础

划转部分国有资本充实社会保障基金是一项系统工程,其理论基础涉及人口学、社会学、经济学、管理学等学科。

2.1.1　人口转变理论

人口转变是人口再生产类型从一种形态向另一种形态的过渡。当下主要表现为一个国家或地区的人口向低出生率、低死亡率、低自然增长率的转变(封进,2005)。在这个转变的过程中,整个社会的人口年龄结构、老年人的供养方式也会随之改变。在测算划转国有资本充实社会保障基金比例的过程中,笔者将运用人口转变理论,根据整个社会的人口年龄结构变化规律,对划转比例进行测算。

1963 年,美国人口学家金斯利·戴维斯(Kingsley Davis)首先提出了人口变迁的反响理论(陈卫,1999);我国现阶段的人口老龄化现象,验证了反响理论。分析划转国有资本充实社会保障基金时,劳动人口下降、出生率下降与死亡率下降是研究的重要背景,人口变迁与反响理论是其重要的研究理论基础。另外,美国人口学家诺特斯坦(Notestein)经过研究发现,死亡率的降低改变了人们的生育意愿，而养育子女的动机变化是生育率下降的根本原因（刘传江，2000）。这解释了未来我国人口老龄化加剧的原因，也是下文测算部分人口变化规律的重要补充。

澳大利亚人口社会学家凯德维尔（Caldwell）提出，在生育率高低的背后隐藏着人们对生育与家庭经济利益关系的判断（刘传江，2000），生育数量本质上是由家庭生产方式决定的。在我国，老年人的消费在受到限制的同时，为子女支出的压力增大，加重了老年人的经济负担，这也导致老年人的养老问题更加复杂。老年人退休之后，大部分的收入来源就是养老金，为了补贴家用，对养老金的需求更甚从前。这也是划转国有资本充实社会保障基金的重要推动力量。

2.1.2　公共产品理论

保罗·萨缪尔森（1999）把社会产品分为公共产品和私人产品，公共产品具有效用的不可分割性、消费的非竞争性和受益的非排他性。介于公共产品和私人产品两者之间的产品称为准公共产品。养老保险基金的社会统筹部分，属于公共产品；个人账户部分属于准公共产品（杨燕绥，2015；胡继晔，2013）。

养老保险基金具有效用的不可分割性，我国养老保险覆盖了超过9亿城镇职工和城乡居民，一方面满足了大部分职工和居民的养老保障需要，另一方面也能够保障我国经济社会的可持续发展。这两方面分别是养老保险基金所带来的直接效应和间接效应，为全体覆盖人群所共同享有，不能分割。从这个角度来看，划转国有资本充实社会保障基金，不能因为某些国有企业划转得多就让其受益得多。

养老保险基金具有受益的非排他性，也就是拒绝划转部分国有资本充实养老保险基金的人，也仍然处在这部分养老保险基金的保障范围之内。其支出是由企业和政府来缴纳和补贴的，体现的是国家的公平公正，反映的是社会的公平性。养老保险特别是城乡居民养老保险具有的非排他性，无论城乡居民是否缴费，根据我国现有的规定和相关政策，在其进入老年之后均能领取基础养老金。

同时，国有资本本身具有全民属性，其体现在能够为公共利益做出贡献。

养老保险作为我国公共利益最重要的组成部分之一,划转国有资本充实社会保障基金正是国有资本全民属性的体现。国有资本的收益所得,直接划转至养老保险基金。这一决策,正是对百年来,国人寻求实业救国,工人阶级当家做主,寻觅符合自身国情的发展道路的最终回答(于滨,2014)。国有资本的全民属性以及养老保险本身的公共产品属性,是划转国有资本充实社会保障基金理论研究的基础,之所以可以产生划转这一行为,正是两者的属性所致。

2.1.3　公共财政理论

公共财政理论认为,因为市场失灵的存在,必须依靠政府的力量来弥补公共需求的公共产品的空白。养老保险基金是一项公共产品,而在现有的养老保险发展中,养老保险基金的需求并不能很好地得到满足,尤其是中西部某些地区,仍然需要通过国家财政的转移支付来获取养老金。国有资本作为政府财产的一部分,有必要通过划转来弥补这部分空白。

资源配置是公共财政的主要职能之一。我国养老保险基金的征缴和计发,也是资源配置的重要体现,在促进经济社会可持续发展方面,发挥了不可替代的重要作用。健全和完善养老保险制度,成为公共财政发挥职能的重要表征,划转也就成为公共财政职能的重要体现。

公共财政还有收入再分配的职能。养老保险基金是调节收入分配的重要手段。与此同时,政府也有责任对全国各地区之间经济社会发展的不平衡进行统筹协调。当前,我国养老保险基金收支和累计结余在全国各省份之间的发展并不平衡,单独依靠地方政府通过财政支持来解决养老保险基金的缺口问题,不可能也不现实,并且各省份之间的不平衡还会加大。因此,需要中央政府加强宏观调控,具体方法就是划转国有资本充实社会保障基金。

2.1.4　福利经济学理论

1) 社会福利最大化理论

划转国有资本充实社会保障基金之所以特殊和复杂,主要在于它充分体现了公平与效率的矛盾与冲突。一直以来,养老保险基金就是我国社会公平最直接的体现。而在效率方面,划转国有资本可以有效改善国有资本的现有结构,对国有企业和经济发展有着正向的促进作用。

英国古典经济学家阿瑟·庇古(Arthur Pigou)依据边际效用基数论提出国民收入分配越是均等化,社会经济福利就越大的学说。他认为,为确保收入的均等化,就要对富人实行累进税,将富人一部分税款用于社会福利(柯武刚、史漫飞,2000)。从这个角度来说,划转国有资本充实社会保障基金有着重新进行收入分配的作用,将划转后充实的养老保险基金分配到中西部地区,弥补中西部地区的养老保险基金缺口,不仅可以使全国的养老保险基金统筹得到平衡,还能够使得福利最大化。

同时,庇古还探讨了社会福利的最大化问题,即政府采取必要措施,将富人财富转移给穷人,以增加全社会的福利水平(加里·贝克尔,2008)。收入差距是当今社会存在的难题,任何国家均有数量不等的贫困人口,其养老问题不能妥善解决,整个社会的福利水平就会受到影响。划转国有资本充实社会保障基金可以实现财富的转移,将社会财富尽可能地均等化,填补养老保险基金缺口,让大部分居民享受到这一福利。

可见,庇古以边际效用为依据,提出的政府通过调节收入分配来实现社会福利最大化的理论,是划转国有资本充实社会保障基金的重要理论基础,也为划转之后的国有资本运营提供了可靠依据。

2) 帕累托最优理论

帕累托最优理论由维尔弗雷多·帕累托(Vilfredo Pareto)提出,又称为帕累托效率。帕累托最优理论是探讨划转国有资本充实社会保障基金的重要理论基础。在我国现有的经济社会背景下,无论是人口老龄化,还是"逐步放开生育"政策,对养老保险基金的发展都有着深远的影响。此时,要让养老保险基金的全国统筹得到平衡,实现全社会的福利最大化,划转国有资本充实社会保障基金应是帕累托改进的最佳做法。在划拨部分国有资本充实社会保障基金的过程中,要做的就是使社会福利最大化,即在养老保险基金缺口得到填补的基础上,让每个老年人享受到应得的养老金。

2.1.5　系统动力学理论

系统动力学理论认为,系统的行为模式与特性,主要取决于其内部的动态结构与反馈机制,以系统结构功能作为研究对象,利用因果反馈回路的方法和系统结构流程图的方式,解决有关系统建模的问题(王其巧,2009)。系统动力学能够解决长远性预测以及周期性的问题,能够在数据缺乏的情况下进行研究分析,以完成连续性的动态优化。系统动力学能够通过持续运行而对其中的参量进行不断的调整,从而达到对整个模型进行连续性动态优化的目的。同时在建模的过程中,还可以融入建模需求者的思路。系统动力学的建模流程如图 2 - 1 所示。

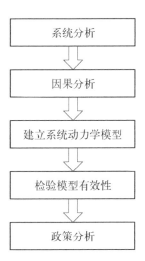

图 2 - 1　系统动力学流程

系统动力学可以解决非线性的多重反馈结构问题。在划转国有资本充实社会保障基金的研究中,笔者将运用系统动力学理论模型,对延迟退休政策下我国的人口规模与结构进行预测,继而测算养老保险基金的收支缺口,通过对不同划转比例下的养老保险基金缺口弥补进行仿真实验,测算划转国有资本充实社会保障基金的最优比例与合理区间。

2.1.6　博弈论

博弈论研究相互依赖、相互影响的决策主体的理性决策行为以及这些决策的均衡结果(马丁·奥斯本、阿里尔·鲁宾斯坦,2000),博弈的三个构成要素包括参与人的集合、策略的集合和收益的集合(王文举,2003)。在本博弈中参与人是指参与划转国有资本过程的几大利益主体;策略就是参与划转国有资本过程的几大利益主体在过程中所采取的方法;收益是指划转国有资本充实社会保障基金之后,各个利益主体的利益所得。博弈论还有一个非常重要的假设前提,即所有博弈方的行为的"理性"(施锡铨,2000)。据此,在划转国有资本充实社会保障基金的过程中,假定所有的参与方的行为都是理性的,是其在分析外部条件和自身环境之后选择的结果。

2.2　充实社会保障基金的中国模式建构

我国从 2001 年开始探索国有股和国有资本充实社会保障基金的制度政

策。总体而言，不论是减持国有股、转持国有股，还是划转国有资本，均不是一时应急之举，而是我国在应对人口老龄化加剧的背景下，保障养老保险基金可持续发展的长期的制度探索，是一种中国模式的制度创新。

2.2.1　充实社会保障基金的中国模式的内涵与特征

"划转国有资本充实社会保障基金的中国模式"的内涵，是在人口老龄化加速发展、养老保险基金负担加重的背景下，根据相关法律法规的规定，在政府的主导下，通过划转国有及国有控股企业的部分国有资本，弥补和充实社会保障基金的缺口，形成具有中国特色的完善基本养老保险制度的一种模式创新，是一种具有中国特色的制度创新。

充实社会保障基金的中国模式，具有鲜明的主动性、动态性和可持续性的特征。

1) 充实社会保障基金的中国模式具有政府主导的主动性特征

在世界各国，特别是西方主要发达国家普遍面临人口老龄化加剧、养老金支付负担越来越重的情况下，各国普遍进行了养老保险领域的变革，其改革的方向是弱化或降低政府的责任，如美国的社会保障私有化趋势、英国鼓励私营基金公司发展等，越来越强调个人和私营部门在养老方面的责任。但是，充实社会保障基金的中国模式，恰恰与此相反，越来越强调政府在全民养老中托底和保障的重要责任。中央政府通过颁布行政法规，从庞大的国有资本中主动地划转一部分来充实社会保障基金，体现了中国特色社会主义制度的优越性，也说明政府为应对人口老龄化高峰期的养老保险基金的支付压力，做好了应对的准备。

2) 充实社会保障基金的中国模式具有动态性的特征

划转是一项复杂、繁巨的系统性工程，无论是划转的比例、划转的实施范围，还是划转的实施路径，都要充分考虑我国甚至全球的经济发展形势、国有企业的发展状况和养老保险基金的缺口变动情况，以动态可调整的科学合理的划转比例、充分而又适中的划转范围、有效优化的划转路径，应对经济形势发展和人口老龄化的发展变化，以充分保障老年人的养老需求。

3) 充实社会保障基金的中国模式具有可持续性的特征

划转国有资本充实社会保障基金是一个长期的过程，划转方案出台后，还有一个试点的过程,在试点完善后,才能在所有中央企业和各省份全面开展。划转完成后,养老保险基金将长期可持续地享有划转国有资本的收益和分红;只要实现了划转的国有资本的保值和增值,养老保险基金就能可持续地得到充实和保障,而且养老保险基金还可以在 3 年禁售期后,通过适当的组合化的投资,可持续地获得更多的收益和分红,从而实现社会保障基金的可持续性。

2.2.2　充实社会保障基金的中国模式的理论依据

1)"协调"发展理念

当下我国社会的主要矛盾已经转化为人民日益增长的美好生活需要和不平衡不充分的发展之间的矛盾。具体到养老保障领域,必须坚持协调的发展理念,求解人民日益增长的养老保障需要和养老保险基金发展的不平衡不充分之间的矛盾。

"协调"发展理念是划转国有资本充实社会保障基金的重要理论基础之一,要把"协调"发展理念贯彻于整个划转的过程当中。划转的前提是坚持国有企业和养老保险基金的协调发展,两者不可偏废,更不能杀鸡取卵。国有企业的改革,必将促进国有企业的发展,国有企业发展壮大了,划转国有资本充实社会保障基金也就有了更为坚实的经济基础。充实社会保障基金是促进养老保险制度可持续发展的基础,在人口老龄化日趋严重的社会背景下,养老保险基金无疑成为社会的"安全网"。为了实现养老保险对于整个社会的兜底功能,一定要协调好国有企业、国有资本划转和养老保险基金的协调发展。

"协调"发展理念,还可以为我国养老保险的发展提供经验借鉴,避免落入"高福利陷阱"。养老保险的发展,存在养老金需求无限性与养老金供给有限性的矛盾。既要推动划转国有资本充实社会保障基金,也要协调好划转的各方的利益。养老保险的发展从来不可能一蹴而就,"高福利陷阱"是其中较为棘手,也是我国在目前发展过程中可能面临的问题。因此,一方面,要坚持划转国有资本充实社会保障基金;另一方面,又要精确合理测算,保证划转的比例既能够适当满足弥补未来养老保险基金缺口的需要,又不至于过高,造成福利的刚性,影响国有企业的发展壮大。

划转涉及财政部门、国资监管部门、证券监督部门、人力资源和社会保障部门、各级社保基金理事会、众多中央和地方国有企业、参保人员、离退休群体等,需要各大主体之间相互配合、彼此协调、利益均衡,才能促进划转的顺利进行。

同时,国有资本与养老保险基金都具有一定的公共产品属性,划转可以提升人们的消费预期,促进居民消费对经济增长的带动作用;可以有效降低政府对养老保险产品供给的无限责任,逐渐打破城乡二元化结构;也可以在一定程度上缓解因建立并实施新的养老保险政策而产生的隐形债务的压力。总之,划转国有资本充实社会保障基金是国家有关政策方针的具体体现,也是时代发展的需要。

2)"共享"发展理念

人民是历史的主体,是历史的创造者。"共享"发展理念的提出,表明了我国的经济发展不再是单单追求 GDP 高增长率的片面发展,而是将经济发展成果由人民共享作为了经济发展的目标。

总结我国经济发展的经验和教训,少数人的富裕并不是我们经济发展的目标,共同富裕才是社会主义发展的本质要求。党的十一届三中全会做出了以经济建设为中心,实行改革开放的伟大决策。改革开放 40 多年来,中国经济飞速发展。但是,贫富差距在行业、阶层和区域间的问题日益显现,共享发展成果的问题也凸显出来。"共享"发展理念的提出,一方面是要求我国经济稳健发展,创造更多的发展成果;另一方面,是要让发展成果惠及更多的人民群众。

党的十八届五中全会提出创新、协调、绿色、开放、共享的五大发展理念。共享是社会主义发展的本质要求,对共享理念的高度重视主要体现在对民生领域的关注程度。国有资本凝结了国有企业职工的劳动价值,是全体人民的财富。在人们的养老保障需要面临困难的情况下,适当划转给予弥补具有现实上的合理性和必要性。当前我国养老保险基金的积累出现了瓶颈,人口老龄化问题形势加剧,未来老龄化高峰期的养老保险基金的缺口,已经威胁到养老保险制度的可持续发展,为使所有国民共享国有企业发展壮大的成果,划转国有资本充实社会保障基金,成为新时代"共享"发展理念下的必然趋势。

2.2.3　充实社会保障基金的中国模式的主要内容

1) 充实社会保障基金的中国模式的社会共识

发展成果全体共享铸就了充实社会保障基金的中国模式的社会基础。国有企业之所以有今天的雄厚资本和发展规模,从源头上说,其国有资本的原始积累,主要来源于中华人民共和国成立初期农民的支撑和广大国有企业职工的劳动价值的凝结。在我国人口老龄化持续加速、养老保险基金支付压力不断增长的环境下,我国提出了经济发展成果由全体人民共享的发展理念,全社会对国有企业发展成果由全体人民共享达成了高度的社会共识,政府、工人、农民、知识分子等社会各界均认可由于社会转型成本所造成的养老保险基金缺口,应当由国有企业划转部分国有资本予以弥补。全社会的这一高度共识,成为充实社会保障基金的中国模式的社会基础。

2）充实社会保障基金的中国模式的筹资来源

庞大的国有资本构成了充实社会保障基金的中国模式的筹资来源。我国已初步建立起社会主义市场经济体制,基本形成以公有制为主体、多种所有制经济共同发展的经济格局。经过改革开放,我国社会主义市场经济蓬勃发展,市场活力迸发,各种市场经济主体竞争活跃。在这一过程中,民营企业实现了从小作坊、乡镇企业到现代企业的转型和发展。与此同时,我国国有企业,在经过 20 世纪五六十年代的创建和建设、七八十年代的改革开放、90 年代的改革以及 21 世纪以来的飞速发展,已经取得了令人瞩目的发展成绩,无论是中央国有企业还是地方国有企业,其资本规模、营业收入、利润总额等均实现了前所未有的成就。整体来看,全国国有及国有控股资本规模不断攀升,国有企业的发展质量不断提高,这构成了充实社会保障基金的中国模式的物质基础。

3）充实社会保障基金的中国模式的组织形式

党委和政府主导构成了充实社会保障基金的中国模式的组织形式。我国是具有中国特色的社会主义国家,具备集中力量办大事的先天制度优势,在近 20 年的划转国有资本充实社会保障基金的制度探索的过程中,党中央形成了划转国有资本充实社会保障基金的决议和政策文件,指导政府出台具体的制度和政策。政府及时总结经验教训,修订、完善减持、转持、划转等相关政策,持续夯实划转国有资本充实社会保障基金的组织基础,通过各级党委和政府的政令畅通、充分授权、协商一致和统一执行,形成了充实社会保障基金的中国模式的组织基础。

4）充实社会保障基金的中国模式的运行机制

精干高效的科层体系成为充实社会保障基金的中国模式运行机制的基

础。划转国有资本充实社会保障基金涉及的主体非常多，涉及的面非常广，时间跨度比较长，是一项艰巨而复杂的整体性工程。我国具备了各层级的相对精干高效的政府部门、经办机构和具有一定经验和能力的人才队伍基础，经过20多年的探索，初步形成了转减持和划转的具体流程，构建了国有资本的清查、核算、变更、运营等一系列环节，并不断进行着流程再造和路径创新，尤其是不断增强了政府政策的执行力，确保了公共政策执行与公共政策基本目标的一致。这就构成了初步健全的充实社会保障基金的中国模式的运行机制，可以有效降低划转的人力、物力、财力成本，充分保障划转过程的平稳有序进行，持续增强我国养老保险制度的抗风险能力。

2.3　国内外相关研究

国外学术界关于划转国有资本充实社会保障基金的研究较少，而国内学术界的研究颇多，始于20世纪末21世纪初，主要集中在划转的必要性、合理性、划转的理论模型等方面。

2.3.1　划转的必要性、合理性研究

城镇职工养老保险的"空账"运行是计划经济体制时期遗留下的国家对中老年职工养老保险的"历史欠债"，理应由国家来偿还，通过减持国有股，将变现收益用于充实社会保障基金，是适合我国国情的可行之道。不少专家学者从不同角度阐述了划转国有股充实社会保障基金的必要性。一方面，我国正在加速步入深度老龄化社会，养老保险基金支出的压力日益增长；另一方面，养老保险基金缺口大，并呈逐年上升的趋势，且养老保险的需求也在不断加大，划转国有资本补充社会保障基金是解决养老保险基金供需失衡这一问题的有效路径（黄浩，2009）；将部分利润分给股东反而会提高配置效率，遏制国有资本的盲目投资，因此将国有资本划转到社保基金理事会是个可行的举措，同时央企利润补充社保基金，对于缩小行业间收入分配差距有一定的作用（王震中，2010）。

国有资本补充社会保障基金可拓宽社会保障基金融资渠道，稳定市场经

济的消费预期,改善国有资本的投资结构,缩小行业间的收入分配差距,有助于国有企业更好地回馈社会,履行社会责任(薛泽海、陈少强,2010);国有股份的划转和减持,不仅可以在一定程度上缓解社会保障基金严重不足的问题,还可以对国有企业健康发展起到积极的促进作用(高柯,2014);人口"三大指标"(劳动年龄人口、劳动参与率、城镇正规就业率)逐渐走低、人口红利逐渐走低、养老保险基金统筹能力逐渐降低,亟须外部资金注入,划转国有资本补充养老保险基金是个可行的方式(肖帅、陈少晖,2015);养老金支付的压力正在与日俱增,划拨国有资产充实社保基金的需求从来没有像现在这么迫切过(郭晋晖,2015)。

许多转型国家在这方面也为我国划转工作提供了借鉴。在匈牙利,政府将部分国有股权转移给工会管理的养老基金,在拉脱维亚,政府将国有企业5%的股权转移给养老基金(薛泽海、陈少强,2010)。我国政府积累的庞大国有资产,国有股变现成本的压力不是很大,因此划转国有资本补充社会保障基金是切实可行的(高珂,2014)。2015 年 3 月,山东省出台划转方案,提出要将山东省的将近 500 家国有企业 30%的国有资本划转给山东省社会保障基金理事会。虽然划转可行性的呼声很高,但也存在反对意见,比如"部分国有资产划转全国社保基金问题研究"课题组(2006)就认为,划转国有资本会使国有资本经营出现"二龙治水"的局面,对证券市场的长期稳定运行造成不利影响,影响国有股股权分置的改革进程,影响国有股股东的稳定性,损害地方政府的利益,并且划转操作过程中也会遇到很多困难。

2.3.2　划转的理论模型研究

政府预算约束的经济学理论为减持国有股充实社会保障基金提供了有力支持。奥贝尔构建了个人、企业和多政府部门的多个模型,模拟政府将国有资本净收入,划转给养老保险部门和财政部门,用以补充收支不足的各种情况(Abel,1999)。诸多国内学者运用这些理论模型得出了很多具有参考性的结论。金刚(2009)利用代际交叠模型得出,在动态效率条件下,利用变现国有资产充实养老基金,优于建立国有股权型养老保障;在养老金支付压力高企时,可以用变现与分红来充实社会保障基金。高奥和龚六堂(2015)构建了三期代际交叠模型分析国有资本收入对养老保险的划拨率对个人行为、人口和经济增长的影响,并最终得出加大国有资本收入对养老保险的划拨力度,有利于促进人力资本积累与经济增长的结论。

2.3.3　养老保险基金收支及缺口研究

诸多学者预测,在人口快速老龄化背景下,我国未来存在严峻的养老金危机。从养老保险基金累计结余耗尽时间角度分析,马骏(2012)测算显示,基本养老保险基金累计结余将于 2022 年底消耗殆尽,2013—2050 年的累计缺口应当为 37 万亿元;孙祁祥等(2013)的预测结果表明,养老保险基金将于 2037 年出现收支缺口;李扬(2013)资产负债表测算结果显示,2023 年基本养老保险会出现收支缺口,2029 年养老保险基金累计结余将用尽,2050 年累计基金缺口将高达 802 万亿元。在假定未来政府通过财政补贴方式为养老保险体系融资的条件下,刘学良(2014)认为 2010—2050 年养老保险资金缺口所形成的隐性债务折现到 2010 年,总额可达 57.5 万亿元,相当于 2010 年 GDP 的 143%;在养老金替代率的背景下,何冬梅(2017)测算出我国养老基金缺口基本在 2030 年达到峰值 20 773.8 亿元(当替代率为 60%)。

从中国各省份养老保险基金收支缺口测算时间背景看,我国城镇职工养老保险基金社会统筹部分的年度结余和累计结余将来会有较大的地区差异,在前两个测算时点(2025 年和 2050 年),部分省份存在收支盈余,而部分省份会有支出缺口,到 2075 年,所有省份的养老保险基金都将出现缺口(金博轶、闫庆悦,2015);王燕杰(2017)通过构建精算模型,测算城乡居民养老保险基金缺口在 2040 年以前呈现扩大趋势,在 2040 年达到最大值 1 993 亿元,之后开始缩小。

虽然大部分学者认为在现行条件下养老保险基金会出现收支缺口,但也有少数学者持相反意见,如王翠琴等(2007)认为养老基金长期积累额会不断攀升,在 2058 年出现峰值,且在 2060 年以前不会出现养老金赤字(2060 年基金长期积累额为 602.59 亿元)。

2.3.4　划转的比例研究

邹东涛、胡继晔(2003)提出统一划拨上市公司国有股权 20% 给全国社会保障基金理事会。胡继晔(2003)参照 2001 年已经实施的国有股减持 10% 的办法,认为划拨 20% 的国有股股权充实社会保障基金是可行的。杨俊、龚六堂(2008)通过参考奥贝尔的建模框架,进而确定国有资本收入对养老保险的最佳划拨率为 32%。薛泽海、陈少强(2010)认为初始时仅划拨 10% 的国有资本经营收益,用于补充社保基金。庞杰、王光伟(2016)研究了国有资本净收入对养老保险最优划拨率的影响,发现随着中国劳动力人口增长率的下降,国有资本净收入对养老保险账户的最优划拨率也随之降低,最优划拨率从 38.10% 下降至 14.31%。

2.3.5　划转的路径研究

我国中央政府提出的划转对象,不仅仅是国有股,而是全部的国有资本。除全国社保基金理事会一直在筹集弥补缺口所需的资金外,地方政府也有举措。山东省率先实践,于 2015 年 3 月建立了山东省社会保障基金理事会,将近 500 家省属国有企业 30% 的国有资本划转充实山东省社会保障基金。

德国是世界上第一个建立社会保障制度的国家,随着人口老龄化日趋严重,养老金制度受到挑战。2002 年,德国开始实施李斯特养老金改革计划,即发挥私人养老保险的作用,弥补现收现付制系统的缺陷,以填补养老金缺口(Börsch-Supan,Coppola,Reil-Held,2012)。在我国,很多学者提出,要进一步充实已经建立的全国社会保障战略储备基金。在划转范围上,"部分国有资产划转全国社保基金问题研究"课题组(2006)认为,所有的国有资产都应列入划转国有资产补充养老保险基金缺口的行列,而行政事业性国有资产则不宜划转;薛泽海、陈少强(2010)提出国资收益充实基金应仅限于中央本级;李志明(2015)认为应该优先选择收益比较好的一些国有企业,将其部分国有资本划转给养老保险基金,而对不同层级和地域错综复杂的国有资产的划转,应由对企业履行出资人职责的部门所归属的人民政府来进行操作;发达地区国企、大型垄断国企、高市场投资回报国企应多征多缴,加大划转用于弥补日益扩大的社会保障基金缺口(卢馨、丁艳平等,2016)。

在划转原则上,一些学者认为应当坚持依法、多元、精算平衡和有效监管的原则(肖帅、陈少辉,2015;胡继晔,2018);而周黎(2017)认为应当坚持减持划转的国有资本与社保基金缺口平衡的原则。在划转步骤上,金刚(2009)提倡利用国有资产收益有步骤地弥补人口老龄化造成的养老金缺口。"分行业、分层级、分阶段、分步骤"做好划转工作，同时合理延迟退休年龄，防备基金风险(崔开昌、丁金宏，2016)。

在审计监督体系上，"部分国有资产划转全国社保基金问题研究"课题组(2006)认为，应尽快建立国有资本预算制度，弥补养老保险基金缺口；黄浩(2009)认为，可通过划拨部分国有股的方式解决我国养老保险基金收支出现的巨大缺口，还应建立特殊机构以便统筹协调各个政府部门，把控好划转国有股充实社保基金的进程；李丽琴、陈少晖(2015)认为，在划转国有资本的实施过程中，首先要完善国资预算的审计制度，其次要建立民生支出的绩效考核体系，最后要建立民生支出效果的反馈机制；李建秋(2016)建议健全监督体系，确保国有资产股权划转的安全；周黎(2017)建议加强国企管理，建立健全社保基金监管机制。除此之外，李建秋(2016)认为应建立完善的法律制度，确保划转有法可依；逐步提高划转比例，以有效弥补养老保险基金的缺口。

2.3.6   划转的政策措施研究

国内不少学者经过一系列的研究提出了自己对于政策措施的建议。在筹资方面，"部分国有资产划转全国社保基金问题研究"课题组(2006)提出从战略高度确立社保基金的筹资方式。在划转方式上，陈杏根(2007)区分了国内首次上市公司、企业海外发行上市公司的划转比例。在划转实际操作过程中，金刚(2010)提出逐步扩大国有股划转全国社会保障基金范围，并且有步骤地变现国有股进行划转。

经济学家在应该充实社保基金的问题上目标是一致的，只是在具体方法上有分歧，即减持还是划转，更倾向于划拨国有股股权充实社保基金，认为社保基金作为"养命钱"的属性决定了持有国有股股权比现金更为安全，划拨国有股充实社保基金比国有股减持更符合财政原理(胡继晔，2006)。

而考虑到划转可能会出现的一些连锁效应，李建秋(2016)提出可分多次进行划转，并且在划转过程中要加强内部、外部监督，确保划转资金的正确流向和使用。同时，从宏观层次上提出建议，包括建立完善的法律法规并加强监督体系，应稳定股票市场，实现国有资产隐性流失最小化。

2.4　研究现状述评

目前,国外学术界对划转理论、模型和方案等方面做了探究,但总体而言研究相对较少。国内学术界的研究,主要是在原有的人口政策下,对我国未来的养老保险基金缺口做了相对准确的预测,充分论证了划转的必要性、紧迫性、合理性和可行性,对上市国有企业国有股的转持比例、方案和政策建议做了测算和研究。

在我国人口快速老龄化、实行延迟退休政策的背景下,对划转国有资本充实社会保障基金的研究,还存在着进一步探究的空间:① 人口基础数据有待改进,现有研究没有在新的生育政策实施和延迟退休政策即将推出的新背景下,全面、科学、精确地测算包括城镇职工养老保险和城乡居民养老保险在内的我国基本养老保险基金的收支及缺口;② 已有的划转比例的研究,也仅仅是基于上市国有企业的国有股的测算,没有包括非上市的国有企业,更没有包括全部的国有资本,不符合当下我国的国情,也与国务院的划转方案不符,不利于划转国有资本充实社会保障基金工作的全面展开;③ 已有研究没有形成清晰系统的划转的有效路径,没有对提出的划转比例的政策效果进行模拟仿真分析,导致提出的划转比例、划转路径和政策建议缺乏可信度和说服力,不利于科学、有效地指导划转实践。

本书将在人口快速老龄化、新的生育政策实施和延迟退休政策将要推出的背景下,运用系统动力学方法,预测我国未来全口径的养老保险基金收支缺口,测算划转国有资本充实社会保障基金的最优比例与合理区间,并进行模拟仿真,探究划转国有资本充实社会保障基金的科学方案和路径设计,提出划转的政策措施。

第 3 章
划转的现状与问题

划转国有资本充实社会保障基金在我国是一个长期的探索过程,本章主要从划转的发展历程、国务院出台的划转方案,特别是国务院划转方案中可能存在的不足与问题等方面,进行分析。

3.1　划转的发展历程

我国划转国有资本充实社会保障基金的政策探索,经过梳理,大致可以分为三个阶段:减持国有股充实社会保障基金阶段,转持国有股充实社会保障基金阶段,划转国有资本充实社会保障基金阶段。

表 3 - 1　我国充实社会保障基金政策探索的三阶段

阶　段	时　间	方　式	核　心
第一阶段	2001—2009 年	减持国有股	将国有企业 10% 的国有股变卖
第二阶段	2009—2013 年	转持国有股	将国有企业 10% 的国有股转持
第三阶段	2013 年至今	划转国有资本	划转部分国有资本充实社会保障基金

3.1.1　减持国有股充实社会保障基金阶段(2001—2009 年)

我国的股份制公司在市场开放之初,大部分是由国有企业转变而来的。

为了让国有企业更好地进行股份制改革,走出经营效率低下的困境,实现市场化运作,决策层使用了证券市场工具来进行企业的改革。但是为了在改革的过程中,保证以公有制为主体,国有上市公司上市流通的普通股一般只占 30%(胡书东,2001)。

在 2001 年及以前上市的国有企业中,大量的国有股不能在证券市场上进行流通,一方面阻碍了整个金融市场的有序发展,另一方面也影响了当时全国整体国有经济的改革。2001 年 3 月 5 日,政府工作报告提出,要推进国有经济布局的战略性调整,坚持"有进有退、有所为有所不为"的方针,坚持以公有制经济为主体,发挥国有经济主导作用①。在这一背景下,国有股减持充实社会保障基金是 2001—2009 年我国社会保障领域、经济理论界和资本市场上的热点问题。

2001 年 6 月,国务院出台了《减持国有股筹集社会保障资金管理暂行办法》(以下简称《办法》),规定凡国家拥有股份的股份有限公司(包括在境外上市的公司)首次发行和增发股票时,均应按融资额的 10% 出售国有股,收入全部上缴全国社会保障基金。由此可以看出,在此阶段的国有股转持范围,不仅包括了境内上市和拟上市的国家拥有股份的股份有限公司,还包括了境外上市和拟上市的国家拥有股份的股份有限公司,而且增发股票时也要减持。

在实施减持国有股筹集社会保障资金办法后,沪深股指应声下跌,《办法》中的按市场定价的措施与股民的想象有所差距。政策短暂执行 4 个月,就付出了蒸发 1.8 万亿元总市值的代价,不得不暂停执行(常根发、郑毅成,2002)。仅实施 4 个月就被暂停的减持国有资本充实社会保障基金,说明了国有股减持问题艰巨而复杂。2002 年 6 月,国务院发布通知,要求除境外上市公司外,境内上市公司停止执行减持国有股充实社保基金。减持国有股充实社保基金的政策,弱化为只保留境外上市公司减持政策,减持的资金量很少,对社保基金的充实作用较小。

第一次减持国有股充实社保基金的尝试,虽然教训惨痛,但是给之后的转持国有股充实社会保障基金研究,留下了探索的思路以及广泛的空间。

---

① 2001 年政府工作报告［EB/OL］. http://www.gov.cn/premier/2006 - 02/16/content_201157.html.

3.1.2　转持部分国有股充实社会保障基金阶段(2009—2013年)

2009年6月,财政部、国资委、证监会、社保基金会联合出台了《境内证券市场转持部分国有股充实全国社会保障基金实施办法》,自此我国开始施行国有股转持充实社保基金。该办法指出,凡在境内证券市场首次公开发行股票并上市的含国有股的股份有限公司,均须按首次公开发行时实际发行股份数量的10%,将股份有限公司部分国有股转由全国社保基金持有①。这一规定,与2001年的规定相比,转持的国有股的范围,有两点不同：一是转持国有股的范围,仅包括了境内上市的含国有股的股份有限公司,不包括境外的；二是只针对新上市的含国有股的股份有限公司,增发股票时则不进行转持。据统计,截至2016年年末,国有股减转持资金和股份2 748.16亿元(减持资金922.80亿元,境内转持股票997.85亿元,境外转持股票827.51亿元)②。

国有股转持政策实施以来引发了社会各界的热烈讨论,不管是证券市场发展、上市公司治理,还是社保基金和国有资本管理方面,均有不同程度的反响。对拟上市公司而言,遇到的问题很多,首先国有股转持的相关法律规范虽然出台,但缺乏可操作性,比较笼统,在实际转持过程中遇到的问题很难找到相关依据来解决；其次,现有股东与潜在投资者的利益影响较大；最后,国有股转持对私募股权投资基金和风险投资基金的影响,受到了社会各界投资人士的广泛关注。由此,导致国有股转持社会保障基金的政策与减持国有股政策一样,最后实施效果有限,相对于社会保障基金的未来缺口仍是杯水车薪。最重要的是,随着国有企业股份制改革的逐步完成,可供转持的渠道已经枯竭,必须探寻新的路径。

3.1.3　划转国有资本充实社会保障基金探索阶段(2013年至今)

2013年11月,党的十八届三中全会提出划转部分国有资本充实社会保障基金。划转的国有资本的范围,不是仅国有股,而是覆盖全部的国有资本。在地方层面,山东省率先实践。2014年6月,山东省出台通知,提出划转部分国

---

① 财政部、国资委、证监会、社保基金会《关于印发〈境内证券市场转持部分国有股充实全国社会保障基金实施办法〉的通知》[R].2006-06-19.
② 全国社会保障基金理事会社保基金年度报告(2016年度)[R].2017-06-12.

有资本充实山东省社会保障基金,设立山东省社保基金理事会,承接划转。2015 年 3 月,山东省出台了《省属企业国有资本划转充实社会保障基金方案》,明确提出"按照一次划转、分步到位、逐户完善的原则",把山东省省属近 500 户国有企业 30％的国有资本划转充实省社会保障基金。山东省的方案走在了全国的前列,但由于实行的时间较短,其效果如何需要较长时间的观察与研究。

经历了减持国有股充实社会保障基金和转持国有股充实社会保障基金两个阶段,我们积累了实际发展过程中的可贵经验,划转国有资本充实社会保障基金政策对国有企业而言,既可以实现部分国有资本的保值增值,又能实现国有企业改革的战略性重组,是新时代发展中,解决社会保障基金缺口的可行性办法之一。

从划转的范围上看:划转国有资本充实社会保障基金,实现了从上市公司,发展到无论上市与否的全国企业的国有资本,划转范围得到了极大的扩大,实现了对全部国有资本的平等的覆盖,使社会保障基金具备了深厚的国有资本的支撑。从划转的运作形式上看:从 2001 年的减持国有股,到 2009 年的转持,再到国有资本的划转,充实社会保障基金的运作形式,更加科学化,实现了运作方式的优化和发展。

2017 年 10 月,党的十九大提出要提高保障和改善民生水平,完善基本养老保险制度,要继续深化国有企业改革,加快结构调整与战略重组。在这一背景下,国务院于 2017 年 11 月出台了《划转部分国有资本充实社保基金实施方案》(以下简称《划转方案》)①,要求各省份在此基础上制订具体实施方案。

3.2 《划转方案》的主要内容

2017 年 11 月 18 日,国务院出台了《划转方案》,其主要内容包括以下几方面。

(1)划转的基本目标。以弥补因视同缴费年限政策所造成的城镇职工养老保险基金的缺口为划转的基本目标,也就是指基本养老保险制度改革前,即

---

① 国务院关于印发《划转部分国有资本充实社保基金实施方案的通知》[R].2017-11-18.

1997 年以前退休的"老人"和 1997 年以前参加工作的"中人"因没有缴费而视同缴费所形成的基本养老保险基金的缺口。划转目标没有包括城镇职工基本养老保险基金的当期收支缺口和城乡居民养老保险基金的收支缺口。

（2）划转的范围。包括国务院国资委监管的中央企业、中央行政部门和事业单位管理的中央企业、中央金融机构和地方国有企业。划转的范围，明显比 2001 年开始实施的减持国有股和 2009 年开始的转持国有股仅包括上市公司的范围要大得多，但划转的复杂程度更大。

（3）划转的具体比例。按照《划转方案》，本次划转的具体比例统一为企业国有股权的 10%；同时规定，根据基本养老保险制度改革发展的需要，再进一步研究划转比例。也就是说，划转比例还有浮动的空间，要根据养老保险基金支付压力的发展情况而定。

（4）划转的承接主体。划转的承接主体指具体接受划入的法人，即中央企业的国有资本划转给社保基金理事会，地方成立国有资本运营公司承接地方国有企业的国有资本的划入，或委托本省份具有国有资本投资运营功能的公司进行运营。

（5）划转的时间安排。2017 年选择国务院国资委监管的中央企业 3～5 家和中央金融机构 2 家进行先期试点；在总结试点经验的基础上，2018 年及以后再组织实施分批划转。

3.3　《划转方案》实施中可能面临的问题

《划转方案》规定，于 2017 年年底前出台试点方案。但是，到目前为止，试点方案还没有对外公布。试点方案的延期出台，说明了划转的复杂性。研究表明，《划转方案》本身存在一些先天性的不足，其在实施的过程中还会面临一些复杂的经济社会状况，可能出现一些问题和瓶颈。本书主要从国有企业可能存在较大的生存与发展压力、地方政府的划转政策可能偏离政策设计初衷、划转的立法保障和过程监督问题、划转方案与部分法律法规条文的冲突、划转后经营的法律责任、存在的"代际不公平"、10% 的划转比例是否能有效弥补养老保险基金缺口、划转的试点安排不周等方面进行探析。

3.3.1　可能导致国有企业面临较大的生存与发展压力

对于国有企业而言,划转使其面临三大问题。

首先,盈利问题。国有企业是企业法人,其首要目标是保证自身的生存,继而求得发展,让企业划转一部分国有资本充实社会保障基金,是企业社会责任的重要体现。但是,这只有在国有企业实现盈利的前提下才具有现实的意义,如果由此造成国有企业的生存都出现问题,划转也就无法进行和开展。国有企业必须实现盈利,才能为划转提供物质基础。

其次,治理结构问题。划转必定使得国有企业的股份多元化,划转后,如何做好工商变更登记,怎样才能实现企业治理结构的优化,这其中还有很多的设计和路径,还需要进一步明确和细化。

再次,公司制改革问题。目前,中央企业大多已经按照现代企业制度进行了公司制改革,但是还有一部分中央企业没有进行公司制改革,在地方国有企业中,还有更多的国有企业没有建立现代企业制度。只有进行了公司制的改革,才能开展划转;没有完成公司制改革的国有企业无法进行国有资本的划转。另外,对于跨省经营的地方国有企业,其一定比例的国有资本是都划转给母公司所在省份的承接机构,还是母公司和子公司分别划转给所在省份的承接机构,均无明确的规定。

党的十八大报告、十八届三中全会公报,特别是党的十九大,均提及混合所有制发展的重要性。党的十九大报告指出,要"深化国有企业改革,发展混合所有制经济",其中包括要完善各类国有资产管理体制,改革国有资本授权经营体制,推动国有资本做强、做优、做大[①]。划转国有资本充实社会保障基金,虽是深化国有企业改革、实现国有经济战略性重组的重要部分,但是国有企业面临改革的双重压力还是不容忽视。一方面,要保证国有资本做强、做优、做大;另一方面,还要保证部分国有资本的划转,这对处于改革过程中的国有企业来说,是巨大的双重挑战。另外,在划转过程中,需要进一步明确国有企业的功能定位,这样才能更好地发挥国有资本和国有企业的作用。由于《划转方案》仅将中央和地方国有及国有控股大中型企业、

---

① 中国共产党第十九次全国代表大会报告(全文)[R/OL].(2017 - 10 - 18)[2017 - 10 - 25]. https://cjc.bzu.edu.cn/2017/1025/15981a161458/page.htm.

金融机构纳入划转范围,因此,须将每种类别的国有企业在职能上的定位进一步明确。

3.3.2　地方政府的划转政策可能偏离设计初衷

《划转方案》提到一点,地方政府需要以中央政府的划转政策为蓝本来进行地方国有资本的划转。但是,在划转国有资本充实社会保障基金过程中,中央与地方政府是多目标、多利益主体相互交织的关系。

首先,中央政府和地方政府追求的目标可能并不完全相同。就中央政府而言,需要综合考虑全国 30 多个省份整体的养老保险基金的收支平衡问题,而地方政府只需要考虑本省份的养老保险基金收支平衡问题。由是,会导致地方政府出台的划转的具体方案,可能偏离中央政府出台的方案的初衷甚至走样。

其次,在政策执行中,中央政府和地方政府还可能存在信息不对称的问题,其中包括地方财政部门与中央财政部门之间的信息不对称问题、各级政府之间的多任务政治委托-代理关系的信息不对称问题(陈宏,2011)。信息不对称问题会导致地方政府在其出台的划转部分国有资本到社会保障基金的政策当中,出现其规定的方案与中央政府划转部分国有资本政策目标并不完全相一致的可能性。

最后,划转国有资本充实社会保障基金过程中,由拥有相当主体性的地方政府来制订针对本省份实际情况的国有资本划转政策,会导致某些地方政府在执行划转方案时,陷入到底是以本地职工和居民的养老保险基金诉求为先,还是以弥补全国养老保险基金缺口为先的两难境地。这些都必须在基本的政策方案中有所体现。

3.3.3　划转的立法保障和过程监督尚未健全

庞大的国有资本的划转,在尚未健全立法保障和过程监督的情况下,容易导致市场投机行为,不利于防范划转中的运营风险,影响基金安全。

1) 划转国有资本充实社会保障基金的法律制度尚未健全

目前国务院出台了《划转方案》,但是由于对划转的具体对象、划转的具体流程以及划转的最低标准,都没有做出具体的规定,这在划转国有资本充实社会保障基金的执行过程当中,不仅会对操作造成困难,相关的监督问题也会对划转造成阻碍。法律制度是划转国有资本充实社会保障基金具体操作的保障和基础,对于能否有效、安全地划转国有资本充实社会保障基金有着重要意义。现阶段国家的有关划转国有资本充实社会保障基金的法律制度,尚不健全,一些领域的具体法律规范仍然缺失,具体的实施过程缺乏可操作性。为此,全国人大应尽快启动立法进程,为划转提供依据。同时,还要加快地方性立法,进一步将需要划转的国有企业类别、批次、步骤详细地规定出来,让划转的办法更加具体化,而不流于表面,增强可操作性。

2) 划转国有资本充实社会保障基金的监督流程和规则尚未完善

除了具体立法尚未出台以外,对划转国有资本充实社会保障基金的监管过程也尚未完善。需要通过全面的立法来确保划转监管的法律地位,使得划转国有资本的监管有法可依。一方面,需要对监管的内容、流程、方法做出明确的规定;另一方面,还应该对监督主体做出明确的分工,做到各司其职,提高监管的效率和有效性。建立划转国有资本充实社会保障基金的监督机制,将监督合法化,是整个立法流程中不容忽视的部分。划转国有资本流程的监管法律体系是其顺利划转的基础,可以增强其监督的规范化。此外,还需要建立针对划转流程中各部门及其工作人员的监管制度,以保障整个划转流程安全、科学、廉洁地进行。同时,还要根据已有的法律法规,来划分国有资本划转过程中各个监管部门的权力边界,对各个管理部门的内部管理机构,采用内部监督和外部监督相结合的监督方法。为了保障划转国有资本充实社会保障基金严谨且合理地进行,尽可能降低划转的随意性,建立健全划转的监督流程和规则迫在眉睫。

3) 划转的经营法律责任亟须厘清

《划转方案》提到,接收划转的养老保险基金,将成为国有企业的股东之一。在未来国有企业的生产经营发展中,如果遭遇经济周期发展中的市场动荡变化问题,或是国有企业自身经营不善,面临破产倒闭,势必要对已有国有资本进行清算,那么养老保险基金持有的这 10％的股权是否也需要清算? 是否与其他股东一样承担相应的债务责任? 如果养老保险基金和其他股东一样必须承担债务的责任,那么势必会对已经有缺口的养老保险基金的未来发展造成不利影响。

3.3.4　划转的方案与现行法律条文存在冲突

划转国有资本充实社会保障基金关系经济社会发展的诸多方面，是重大的利益调整。《划转方案》中提及的国有资本的划转，涉及《中华人民共和国公司法》《中华人民共和国社会保险法》《中华人民共和国土地管理法》等。经研究发现，《划转方案》存在与上述法律法规相冲突的问题。

1)《划转方案》与《中华人民共和国公司法》相冲突

《中华人民共和国公司法》(以下简称《公司法》)第4条规定："公司股东依法享有资产收益、参与重大决策和选择管理者等权利。"①但《划转方案》规定，社保基金会作为财务投资者，享有股东的权益，却无需履行股东的经营管理义务。作为股东，社保基金会享有权益却无需履行义务，这与《公司法》中股东享有参与重大决策和选择管理者等权利相违背，同时与股东的权、责、利也不相匹配。

《公司法》第21条规定："公司的控股股东、实际控制人、董事、监事、高级管理人员不得利用其关联关系损害公司利益。"②但《划转方案》规定无偿划转国有资本，划转比例统一为企业国有股权的10%。无偿划转国有资本，实际上损害了国有企业的公司利益，与《公司法》相冲突。

《公司法》第34条规定："股东按照实缴的出资比例分取红利。"③但《划转方案》规定社保基金会等承接主体的收益主要来源于股权分红。社保基金会无偿成为公司股东，在没有出资的情况下，分取红利，明显与《公司法》相冲突。

《公司法》第34条规定："股东有权优先按照实缴的出资比例认缴出资。"④但《划转方案》规定直接划转部分国有资本充实社保基金。国务院划转股份给社保基金会时，忽略了现有股东的优先认缴权，与《公司法》相冲突。

《公司法》第71条规定："股东向股东以外的人转让股权，应当经其他股东过半数同意。"⑤而《划转方案》规定将中央和地方国有及国有控股大中型企

①　中华人民共和国公司法[M].北京：中国法制出版社，2017：3.
②　中华人民共和国公司法[M].北京：中国法制出版社，2017：7.
③　中华人民共和国公司法[M].北京：中国法制出版社，2017：11.
④　中华人民共和国公司法[M].北京：中国法制出版社，2017：11.
⑤　中华人民共和国公司法[M].北京：中国法制出版社，2017：21.

业、金融机构纳入划转范围。国有控股企业包括国有绝对控股企业和相对控股企业,后者国有资本股权低于 50％。国有相对控股企业要想实现将国有资本划转充实社保基金,自身并不具备超过半数股东同意的条件。因此,不经股东大会同意直接划转国有资本充实社保基金,是与《公司法》相冲突的。

2)《划转方案》与《中华人民共和国社会保险法》相冲突

《中华人民共和国社会保险法》(以下简称《社会保险法》)第 7 条规定:"国务院社会保险行政部门负责全国的社会保险管理工作。""县级以上地方人民政府社会保险行政部门负责本行政区域的社会保险管理工作。"①这表明中央和地方行政部门分级管理,地方行政部门具有社会保险管理工作的自主权。但《划转方案》规定将中央和地方国有及国有控股大中型企业、金融机构纳入划转范围。中央无偿划转地方国有资本无疑破坏了地方的管理自主权,与《社会保险法》规定的中央地方分级管理体制相冲突。

3)《划转方案》与《中华人民共和国土地管理法》相冲突

《中华人民共和国土地管理法》(以下简称《土地管理法》)第 31 条规定:"应当按照省、自治区、直辖区的规定缴纳耕地开垦费,专款用于开垦新的耕地。"②这表明国有企业对于其资源性收入,如探矿采矿权收入、土地批租收入等,对其征收、管理、使用等都有明确的规定,专款专用,不能随意用于规定外的消费。但《划转方案》规定划转部分国有资本充实社保基金。充实社会保障基金不在《土地管理法》专款专用的规定范围内,若划转有关国有资源的国有资产收益用于充实社会保障基金则与《土地管理法》相冲突。

3.3.5　存在一定的代际不公平问题

在《划转方案》中,已经出台的政策主要是针对"老人"和"中人"部分的养老保险基金缺口,也就是我国已经存在的养老保险基金的隐性债务,并没有涉及未来退休的"新人"。1997 年以后进入企业工作的"新人",虽然从工作之初即开始缴纳养老保险,但是由于我国现有的养老保险基金实质上实行的是现收现付制度,其缴纳的养老保险基金大部分被用来弥补现有的养老保险基金

---

① 中华人民共和国社会保险法[M].北京:中国法制出版社,2016:5.
② 中华人民共和国土地管理法[M].北京:法律出版社,2015:8.

缺口。根据预测，到 2030 年左右，我国的老龄化程度将达到顶峰，届时这部分"新人"也开始进入退休阶段，面临着领取退休养老金的问题。因此，在现阶段的划转中，还需要将这部分群体的养老需求纳入其中。

从可持续发展角度来看，我国面临的不仅仅是单一某一个时期的养老保险基金缺口需要弥补的问题，而是随着人口老龄化程度的持续加深，将面临愈来愈复杂和尖锐的养老保险基金供需的结构性矛盾问题。现有方案中，划转的比例仅有 10%，是以弥补现有城镇职工养老保险金缺口为基本目标的，没有针对"新人"的考虑。并且，划转国有资本充实社会保障基金的政策所要调节的是公共利益，如果因为"老人""中人""新人"，以及之后慢慢进入退休状态的公民进入工作的时间不一样，就不再考虑继续划转部分国有资本，那么就会导致不同群体之间的利益矛盾。

更为重要的是，《划转方案》也没有考虑基本养老保险基金中的城乡居民养老保险基金的未来缺口问题，这对于其覆盖的庞大参保人群，即城镇居民和广大农村居民，也会产生较大的不公平感。从历史上看，庞大的国有企业的国有资本的原始积累，当初是靠农业和农民的主要贡献来实现的，现有的划转方案没有考虑到覆盖城乡居民养老保险基金的缺口，存在着先天的不足。划转部分国有资本政策本身是为了维护和增进社会公平正义，如果没有做到不同群体之间的平衡，就会阻碍养老保险基金效率的进一步发挥。

3.3.6　划转比例能否有效弥补养老保险基金缺口

根据《划转方案》，划转比例统一为企业国有股权的 10%。划转仅以弥补养老保险中的城镇职工养老保险基金的"隐性债务"为目标，没有考虑到城镇职工养老保险基金的当期缺口，更没有考虑到养老保险中城乡居民养老保险基金的缺口，且对于划转的 10% 的比例，是否能够完全弥补养老保险基金的缺口，还有待进一步精确测算。

划转部分国有资本的政策目标是希望在填补现有养老保险基金"隐性债务"的基础上，维持我国养老保险制度的稳定发展。因此，无论是政策内容的确定、政策方案的选择，还是政策手段的运用，都是以更好地实现养老保险制度稳定的目标作为依据的。划转部分国有资本的政策措施，能否促进养老保险制度稳定发展，还必须考虑到具体实施划转之后的各种情况。

如果《划转方案》的实施没有实现预期效果,再实施新的政策,也将大大削弱方案的科学性和可靠性;如果实践表明划转 10% 的国有资本并不足够填补养老保险基金的缺口,继续频繁修改划转比例,还会对现有国有企业发展的稳定性造成影响。

3.3.7　划转的试点和推广安排尚需完善

《划转方案》提到一点,2017 年选择部分央企和省份进行探索试点,在 2018 年及以后分批划转。首先,到目前为止,试点的央企和省份还没有公布,且仅一年的试点时间还是非常短暂的,只有在稍长期试点的情况下,才能发现问题、总结经验。如果成功,则总结试点的经验;如果失败,还可以吸取教训,进行完善。仅在试点一年的情况下就进行推广,势必会导致政策在不完整、不成熟的情况下就开始执行,这会对划转政策未来的实施效果产生不良的影响。

其次,从公共政策的稳定性角度来说,政策的稳定有利于贯彻落实执政者或者决策者的意志或者决定,也有利于国家与社会的稳定,减少不必要的摩擦和冲突,并且可以降低政府成本(谢明,2010)。如果一项公共政策具有稳定性,那么就意味着该政策处于一种均衡状态。《划转方案》是一项公共政策,只有该政策试点达到稳定的状态,才能让划转部分国有资本这个过程有法可依,形成较为稳定的利益格局和社会规范。且划转国有资本充实社会保障基金的过程,涉及面广、程序复杂、持续时间较长,所以划转政策只有在稍长期试点后才能保证在稳定的情况下,达到总结经验的目的。

再次,从政策维持的角度来说,划转国有资本充实社会保障基金的过程,必须保持政策主体也就是政府的政策维持,减少政策客体也就是国有企业的抵触情绪。试点的时间不充分,就不足以判断划转政策的有效性,以及政策客体的态度,进而可能影响划转的实施效果。

最后,在划转部分国有资本的过程中,涉及不同省份和不同企业的比例的测算、具体的方案实施等,这些都需要相关专业的人才来完成。尤其是,在养老保险基金保值、增值的过程中,需要制订针对性的政策,来保证养老保险基金的保值、增值,这就对具有现代经济专业知识的人才提出了要求。在《划转方案》中,需要具体规定对这些人才的引进和鼓励措施,以此来保证《划转方案》在专业人才的参与下,科学、有序地进行。同时,划转国有资本充实社会保障基金的过程中,人才的应用性很强,决定了政府自我培养人才的重要性,还需不断提升已有工作人员的能力,使其成为这方面的专门人才。通常而言,社会公共领域是政府财政主要的供给方向,相关的人才投资更应给予优先保障(韩枫,2007),这也是保障划转顺利进行的必然要求。

第 4 章
划转的需求侧分析

划转国有资本充实社会保障基金的受益对象是老年人,老年人口的规模、结构的变动,会对养老保险基金产生影响。所以,有必要从我国人口老龄化的现状及发展趋势、养老保险基金发展的不充分不平衡等方面,对划转国有资本充实社会保障基金的需求侧进行分析。

4.1 我国人口老龄化分析

人口老龄化是一种老龄化的社会状态,是指在较低的生育率和人们寿命延长的双重因素影响下,出现的年轻人口减少,而老年人口增加的动态过程。目前,我国正在加速步入深度老龄化社会。在此背景下,对我国未来人口结构和规模进行合理预测,从而对未来养老保险基金缺口进行预测,并提出行之有效的解决措施,显得尤为重要。

4.1.1 我国人口总量及其发展趋势

我国从 2000 年开始进入老龄化社会,老龄化进程还在不断加速,愈来愈呈现出少子高龄化的社会特征。

近 20 年来,我国人口数呈现增长趋势,但是增长趋势渐缓,增长速度逐渐下降。人口增长速度渐缓,与我国的计划生育政策密不可分。近年来,我国已经逐步放开了生育政策,从"单独两孩"到"全面两孩",再到"三孩生育"政策,作出了促进人口长期均衡发展的战略部署。由于受到人们生育观念转变、经济压力等诸多环境因素的影响，政策效应并不明显。

图 4-1 显示了我国总人口数，以及 0～14 岁、15～64 岁、65 岁以上的不同年龄组人口数量的变化趋势。我国总人口数量整体上保持增长的趋势，但是增长趋势趋于平缓。0～14 岁年龄组在整体上呈现出下降趋势，1990—1999 年，下降趋势平缓，10 年间的下降比重为 2.3%；2000—2009 年，下降速度开始加快，10 年的下降比重为 6.3%；2010—2016 年，0～14 岁年龄组的比重基本保持在 16.5% 左右。

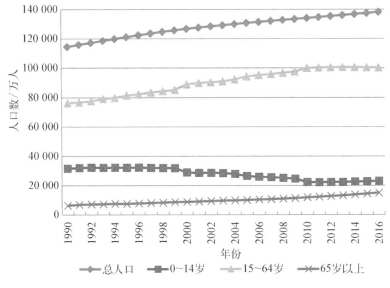

图 4-1　1990—2016 年我国人口增长趋势

数据来源：《中国统计年鉴 2017》。

15～64 岁人口从 2010 年之后，不再增长，而且开始逐渐呈现出负增长的变化趋势。2016 年，15～64 岁年龄组人口数量所占总人口的比重，已经下降到了 72.5%，也就是说我国的劳动年龄人口数量在不断减少。

而 65 岁以上年龄组的人口数量占总人口的比重一直保持增长趋势。人口老龄化是指一个国家或地区老年人口占总人口的比重不断上升的动态变化。1990—2016 年，27 年里，我国的人口老龄化问题越来越严峻。图 4-2 显示了 1990—2016 年，我国 65 岁以上年龄组人口数量的变化趋势，即老年人口占总人口的比重一直保持增长。一般认为，一个国家或地区 60 岁以上的老年人口占总人口的比重超过 10%,或 65 岁以上的老年人口占总人口的比重超过 7%,则意味着这个国家或地区已进入老龄化社会。

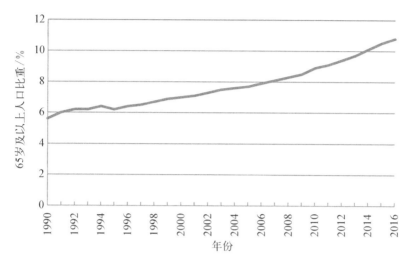

图 4 - 2　1990—2016 年我国老龄化趋势

数据来源:《中国统计年鉴 2017》。

　　我国在 2000 年,65 岁以上老年人的人口数量占总人口的比重就已经到达了 7%;2016 年,我国 65 岁以上老年人口数量占总人口的比重已经高达 10.8%,保持着较快的增长趋势,可见我国人口老龄化的发展十分迅猛。

　　在此背景下,我国养老保险基金缴费的中坚群体即劳动年龄人口数量增长趋缓。在 2010 年之后劳动年龄人口数量呈负增长趋势,这意味着我国养老保险基金缴费的中坚力量数量在不断减少,这必然带来养老保险基金征缴收入的不断减少,从而加剧我国未来养老保险基金的支付压力。

　　我国的法定退休年龄偏早,现行的退休年龄男性为 60 周岁,女干部为 55 周岁,女工人为 50 周岁。与经合组织国家相比,我国退休年龄比较早,平均退休年龄不足 55 周岁,使得大量经验丰富且有劳动能力的退休人口没有发挥充分的作用。尤其是对于女性来讲,整体来看,女性的平均预期寿命更长一些,在老年人口年龄组中,女性人口数量明显高于男性。退休年龄偏早造成这部分人口不再缴纳养老保险,降低了养老保险基金的征缴收入;同时,随着我国人口平均预期寿命的增长,整体上这部分人群领取养老金的时间延长,无形中加大了养老保险基金的支付压力。

4.1.2　老年抚养比加速提高

老年抚养比是指 65 岁以上老年人口数量与 15～64 岁的劳动年龄人口数量的比。老年抚养比越大，意味着劳动年龄人口要抚养的老年人口越多。图 4-3 显示了 1990—2016 年我国老年抚养比的发展趋势。

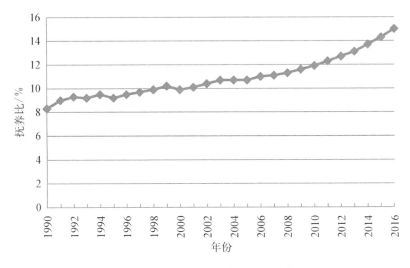

图 4-3　1990—2016 年抚养比趋势

数据来源：《中国统计年鉴 2017》。

1990 年我国老年抚养比是 8.3%，在 1990—2009 年，老年抚养比一直呈现出平稳的增长趋势，从 2010 开始，增长速度逐渐增快，2016 年我国老年抚养比达到 15.0%。老年抚养比的加速增长，使我国面临人口红利逐渐消失、人口优势不再的问题，未来的养老保险基金支付危机越来越大。

4.1.3　少子化预示未来基金缴费人口萎缩

少子化是指生育率下降造成少儿人口逐渐减少的现象。少子化代表着未来劳动年龄人口可能逐渐变少，对于我国养老保险基金的发展会产生重大影响。一般认为，人口的自然增长率是出生率与死亡率的差值，差值为正，则人口增长；反之，则呈现负增长。图 4-4 显示的是 1990—2016 年，27 年里，我国人口的出生率、死亡率以及自然增长率的变化趋势。

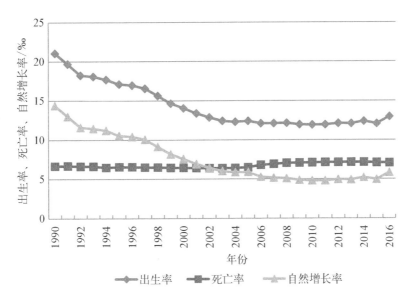

图 4 - 4　1990—2016 年人口出生率、死亡率、自然增长率变化趋势

数据来源:《中国统计年鉴 2017》。

　　整体上看,我国人口的出生率、自然增长率都呈现平稳下降的趋势,但是出生率在 2016 年出现了增长的势头,这也是放开生育政策所带来的积极变化,但是能否得到保持,还需进一步观察。且新增人口要到近 20 年后,才能进入劳动力市场。少子化的趋势意味着我国未来的劳动年龄人口数量将逐步减少,也将带来养老保险基金缴费人口的逐步萎缩。

　　我国现行的基本养老保险基金的筹资模式,实质上是代际间的转移,以实现收支平衡。通常认为,劳动年龄人口的增多在一定程度上增加了养老保险基金的缴费,老年人口的减少在一定程度上减少了养老保险基金的给付。但现实情况是,我国劳动年龄人口的数量不断减少,在一定程度上减少了养老保险基金的缴费,而老年人口的数量不断增多,在一定程度上加大了养老保险基金的给付压力,这一减一增,破坏了收支平衡的代际间的转移,无疑加剧了养老保险基金的负担,这对未来养老保险基金的可持续发展提出了巨大的挑战。因此,要科学合理地对我国未来人口的变化进行预测,并据此及时采取有效的应对措施,缓解少子化危机,实现代际间的公平转移,坚持协调发展、可持续发展,持续发挥养老保险基金对于老年人生活的重要保障作用。

4.1.4　人口老龄化的区域不平衡

从我国各省份(此处不含中国港、澳、台地区数据,下同)的老龄化进程来看,人口老龄化存在着区域的不平衡性。根据《中国统计年鉴2017》的数据,我国部分省份的老龄化程度不容乐观。在我国省级行政区域中,2016年进入老龄化的有19个省份,超过一半。其中,广西、河南、江西、山西、甘肃、天津、福建、广东和青海9个省份的老龄化水平在7%～10%,而辽宁、山东、江苏、重庆、安徽、湖南、吉林、北京、陕西和贵州10个省份的老龄化程度均已超过10%,情况相对严重。其中,辽宁的老龄化程度最为严重,65岁以上的老年人口比例已经高达13.51%。经济和人口大省山东和江苏紧随其后,位列我国老龄化程度的前三甲。

综上所述,这二十几年里,无论从全国的老龄化发展趋势分析,还是从各省份老龄化数据分析,都显示我国的老龄化速度发展迅速。2000年中国进入老龄化社会,2015年中国65岁以上的老年人口占总人口比重已超过10%,2016年超过一半的省份已进入老龄化。由此可以预知,在未来我国老年人口仍会保持增长趋势,并且有逐步加快的趋势,我国老龄化进程的发展不容忽视。

人口老龄化的发展趋势,意味着我国养老保险基金收入的逐渐减少和基金支付压力的不断增加,人口老龄化的区域不平衡性伴随着养老保险基金缴费收入的区域差异和养老保险基金支付的区域差异,这给我国养老保险制度的均衡和协调发展带来了不利影响。

4.2　我国养老保险基金发展的不充分

4.2.1　城镇职工养老保险基金发展的不充分

近年来,我国城镇职工养老保险基金累计结余稳步增长,但这并不代表我国城镇职工养老保险基金十分充分。这里,从人口老龄化、劳动人口数量等与养老保险基金的关系角度,论证分析我国城镇职工养老保险基金的充分度。

近年来,我国城镇职工养老保险基金累计结余稳步增长,但随着人口老龄化趋势的发展,老年人口增加,城镇职工养老保险基金累计结余可用于支付职工养老金的月数,呈现先增长、后下降的趋势。从表 4 - 1 可知,2009—2016 年城镇职工养老保险基金逐年增长,持续性强,2016 年已达到 36 970.00 亿元。但这并不意味着养老保险基金的可支付月数也在持续增长。由于人口老龄化的持续发展,老年人口增加,即领取养老保险基金的人数增加,当领取人口的增速高于基金累计结余的增速时,可支付月数则会呈下降趋势。2009—2012 年,城镇职工养老保险基金的可支付月数逐年增长,而 2013—2016 年则开始下降,2016 年减少至 17.20 个月,共降低 2.30 个月。可以预见,未来养老保险基金累计结余可支付养老金的月数会逐渐减少,未来我国城镇职工养老保险基金支付压力会越来越大。

表 4 - 1　2009—2016 年我国城镇职工养老保险基金累计结余情况

年　　份	累计结余/亿元	可支付月数/月
2009	11 774.00	17.90
2010	14 547.00	18.60
2011	18 608.00	19.50
2012	22 968.00	19.70
2013	27 192.00	19.50
2014	30 626.00	18.50
2015	34 115.00	17.70
2016	36 970.00	17.20

数据来源:根据 2014—2016 年《中国社会保险发展年度报告》整理。

近年来,虽然城镇职工养老保险基金累计结余逐年增长,但随着劳动人口数量的减少,养老保险基金累计结余增速可能放缓,甚至负增长。图 4 - 1 显示,劳动人口的增长趋势在 2010 年之后停止,而且开始逐渐呈现负增长的变化趋势,截至 2015 年,15～64 岁年龄组人口数量所占总人口的比重已经下降了 1.5%。作为城镇职工养老保险基金缴费的中坚力量,劳动人口数量的减少将直接影响养老保险基金的储备,在基金支出不变或逐年增加的情况下,征缴收入不断减少,养老保险基金累计结余将出现负增长。

企业年金作为一种补充养老保险基金,在西方发达国家,充分发挥了其作用。廖丹(2014)认为,基本养老保险压力越大,企业年金替代率就越低。例如,美国的企业年金替代率为 38.8%,英国为 36.7%,加拿大为 30.8%,而我国企业年金整体替代率均值仅 9.0%(郑秉文,2016)。这说明与发达国家相比,我国企业年金发展较慢。究其原因,基本养老保险缴费率太高,企业年金制度的不完善和相关法律制度的不完善等均制约了企业年金的发展,不利于减轻我国基本养老保险基金的压力。

因此,总体来看,我国城镇职工养老保险基金并不充分。2013 年后,城镇职工养老保险基金累计结余可用于支付职工养老保险的月数呈现下降的趋势;由于劳动人口数量的减少,养老保险基金累计结余增速可能放缓,甚至负增长;企业年金发展缓慢,没有充分发挥补充养老保险基金的作用。这些都说明未来我国城镇职工养老保险基金支付压力越来越大,急需外部资金的支援,划转国有资本充实社会保障基金显得更加迫切。

4.2.2 城乡居民养老保险基金发展的不充分

我国城乡居民养老保险基金近年来发展迅速,但发展过程中也出现了不少问题。近年来,我国城乡居民基本养老保险基金的收入与支出都呈现上涨的趋势。但总体来说,城乡居民养老保险基金支出增幅大于养老保险基金增幅,基金支出占基金收入的比例逐年上升。从表 4-2 可知,从增长幅度看,2011 年,城乡居民养老保险基金收入上涨 145.00%,基金支出上涨 199.00%;2012 年,基金收入上涨 64.80%,基金支出上涨 92.30%,基金支出增幅大于基金收入增幅的趋势一直持续到 2015 年,而 2016 年,基金收入与基金支出的增幅基本持平。

表 4-2 2010—2016 年我国城乡居民养老保险基金收支增长情况

年　份	基金收入增幅/%	基金支出增幅/%	基金支出占基金收入比例/%
2010	——	——	44.20
2011	145.00	199.00	53.90

续　表

年　份	基金收入增幅/%	基金支出增幅/%	基金支出占基金收入比例/%
2012	64.80	92.30	62.90
2013	12.20	17.20	65.70
2014	12.60	16.50	68.00
2015	23.60	34.80	74.20
2016	2.70	1.60	73.30

数据来源：根据 2014—2016 年《中国社会保险发展年度报告》整理。

　　我国城乡居民基本养老保险基金支出的迅速增长,影响了基金支出在基金收入中的占比。2010—2016 年,我国城乡居民养老保险基金支出在基金收入中的占比分别为：44.20%、53.90%、62.90%、65.70%、68.00%、74.20%和 73.30%,7 年来占比数值总体上呈上升趋势,说明当年的养老保险基金的结余越来越少。

　　2010—2016 年,城乡居民基本养老保险基金累计结余逐年增长,但增长幅度却逐年下降。如表 4-3 所示,2010 年,城乡居民养老保险基金累计结余为423.00 亿元,2011 年,累计结余大幅增长,首次突破 1 000 亿元,为 1 231.00亿元。2016 年,累计结余已上升至 5 383.00 亿元,比 2010 年增加 4 960.00 亿元,增长势头良好。

表 4-3　2010—2016 年城乡居民基本养老保险基金累计结余情况

年　份	累计结余/亿元	增长幅度/%
2010	423.00	—
2011	1 231.00	191.00
2012	2 302.00	87.00
2013	3 006.00	31.60
2014	3 845.00	27.90

续　表

年　　份	累计结余/亿元	增长幅度/%
2015	4 592.00	19.40
2016	5 383.00	17.20

数据来源：根据 2014—2016 年《中国社会保险发展年度报告》整理。

　　虽然城乡居民养老保险基金不断增长，但增长幅度却逐年下降。相比 2010 年，2011 年城乡居民养老保险基金累计结余增长了 191.00%，2012 年增幅跌至 100% 以下，为 87.00%。养老保险基金累计结余的下降趋势一直持续到 2016 年，2016 年增长幅度创历史新低，为 17.20%。虽说城乡居民养老保险基金累计结余仍在增长，但其涨幅若继续下跌，基金收入与基金支出总会持平，甚至出现累计结余呈负增长趋势发展。随着人口老龄化趋势的发展，这种趋势将给城乡居民养老保险制度的可持续发展带来严峻的挑战。

4.3　我国养老保险基金发展的地区不平衡

　　目前，我国的养老保险基金从全国整体来看略有结余，但是在人口老龄化持续加剧的情况下，养老保险基金的筹资和发放模式，无法从根本上解决我国未来养老保险基金的缺口危机。为了找到更行之有效的解决措施，需要审视以往的历史经验和教训，用事实数据，科学合理地预测未来的发展趋势。

4.3.1　城镇职工养老保险基金发展的不平衡

4.3.1.1　城镇职工养老保险抚养比的地区不平衡

　　老年抚养比是老年人口数与劳动年龄人口数之比；城镇职工养老保险抚养比指的是城镇职工养老保险的参保人数与领取养老金的老年人口数

之比。城镇职工养老保险抚养比越大,表明城镇职工养老保险基金的缴费人口越少,领取养老金的老年人口越多,养老保险基金的支付压力越大。

根据《中国社会保险发展年度报告 2016》,全国城镇职工养老保险抚养比从 2015 年的 34.72% 上升为 2016 年的 35.71%,这意味着约 2.8 个人缴费供养 1 个老年人领取养老金。广东的城镇职工养老保险抚养比最低,为 10.81%,主要得益于广东省是人口净流入地区,养老保险基金的缴费人口比较多,领取养老金的老年人口相对比较少。比较严峻的是,城镇职工养老保险抚养比低于 20.00% 的省份仅有广东、福建。

城镇职工养老保险抚养比在 20.00%～30.00% 的仅有山东,为 29.15%;在 30.00%～40.00% 的,有河南、江苏、浙江、陕西、河北等 8 个省份;在 40.00%～50.00% 的,有安徽、上海、天津、湖南等 11 个省份,上海的城镇职工养老保险抚养比也高达 42.74%。

黑龙江是全国城镇职工养老保险抚养比最高的地区,达 76.92%,这意味着 1.3 个人缴费供养 1 个老年人领取养老金。养老保险抚养比高于 50.00% 的,还包括湖北、甘肃、四川、重庆、辽宁、内蒙古、吉林等。

4.3.1.2　城镇职工养老保险基金累计结余的地区不平衡

以收定支、收支平衡、略有盈余,是我国社会保障基金的筹资原则。现阶段我国养老保险基金的发放模式实质上还是现收现付,通过代际间转移,实现代际间均衡,也就是代际间的养老保险基金的转移。目前,我国的养老保险基金还停留在省级统筹层面,基本上仅能保持现阶段养老保险基金的按时发放。同时,目前的城镇职工养老保险基金的缴费率已经很高,不存在进一步提高的空间。而城乡居民养老保险基金允许参保人自主选择缴费层次,目前来看,城乡居民大多选择较低层次的缴费标准。

根据《中国社会保险发展年度报告 2016》,我国养老保险基金总体保持稳定,2016 年城镇企业职工基本养老保险基金总收入为 3.51 万亿元,同比增长 19.5%,总支出为 3.19 万亿元,同比增长 23.4%,累计结余 3.86 万亿元。如表 4-4 所示。

但是,由表 4-4 可知,广东、北京、江苏、浙江、山东、四川、上海、山西、安徽 9 个省份的累计结余(共计约 2.61 万亿元)，就占我国城镇职工养老保险基金全部累计结余的 70.6%。与此形成鲜明对比的是，养老保险基金当期收不抵支的省份增至 7 个，包括黑龙江、辽宁、河北、吉林、内蒙古、湖北、青海。其中，黑龙江不仅当期收不抵支，且累计结余已穿底，为－232.00 亿元。

表 4-4　2016 年我国各省份城镇职工养老保险基金累计结余

单位：亿元

地　区	累计结余	地　区	累计结余
广东	7 258.00	上海	1 848.00
北京	3 524.00	河南	969.00
西藏	59.00	广西	459.00
新疆	836.00	江西	512.00
云南	719.00	海南	111.00
山西	1 237.00	内蒙古	434.00
浙江	3 225.00	湖北	828.00
贵州	513.00	陕西	438.00
江苏	3 366.00	天津	405.00
安徽	1 170.00	河北	546.00
福建	574.00	辽宁	926.00
山东	2 306.00	吉林	331.00
四川	2 158.00	青海	59.00
宁夏	184.00	新疆生产建设兵团	58.00
湖南	945.00		
重庆	826.00	黑龙江	－232.00

数据来源：《中国社会保险发展年度报告 2016》，中国港澳台地区数据暂缺。

4.3.1.3　城镇职工养老保险基金可支付月数的地区不平衡

各省份的养老保险基金的可支付月数,也呈现不平衡性。据《中国社会保险发展年度报告 2016》,2016 年,全国养老保险基金平均可支付月数为 17.2 个月,比 2015 年下降 0.5 个月,各省份之间也存在着较大差异,养老保险基金可支付月数在 10 个月以下的,包括黑龙江、青海、吉林、辽宁、河北、天津、山西、湖北、内蒙古、海南等 10 个省份,占全部省份的约 1/3。

养老保险基金缺口是历史遗留问题,养老保险基金不仅要解决由于制度设计遗留下来的历史问题,还需要解决目前的养老保险基金的收支问题,同时更要考虑未来养老保险基金的支付危机。随着人口老龄化压力日渐增大,养老保险基金运行情况备受关注。代际人口平衡是养老金收支平衡的基本条件,代际公平是养老保险基金可持续发展的要求,符合协调发展理念。可持续的发展观,要求在不损害后代人发展的基础上进行发展,在养老保险基金的收缴和发放的过程中,目前采取的代际间转移仅仅是解决历史遗留问题,并不是长久之计,不能一直用现在缴纳的养老保险基金弥补之前的空缺,更重要的是,必须推出有预见性、更行之有效的解决措施,确保后人可以按时领取其养老金,确保养老保险基金的平稳和可持续发展。

4.3.2　城乡居民养老保险基金发展的不平衡

随着我国养老保险的发展,城乡居民养老保险也在不断发展。总体而言,我国城乡居民的养老保险基金收支略有结余,其中部分省份的养老保险基金收不抵支,而部分省市基金充沛,收入远大于支出,存在着区域间的收支差异。2016 年,基金相对充沛的省份有天津、山西、江西、湖北、云南和新疆,这些省份 2016 的基金收入均比基金支出多 50%。其中,天津的基金收入是基金支出的 200%。

与城乡居民养老保险基金充沛的省份形成鲜明对比的是,黑龙江 2016 年当期的城乡居民养老保险基金收不抵支,基金收入为 24.00 亿元,基金支出为 26.00 亿元,当期支出超出当期收入 2 亿元。而辽宁、吉林、上海、浙江和重庆等省份虽然收支略有结余,但基本上维持平衡,随着人口老龄化的发展和劳动年龄人口的减少,这些收支平衡的省份也存在着养老保险基金收支失衡的局面。

近年来,我国城乡居民养老保险基金累计结余逐年增长。根据《中国社会保险发展年度报告2016》,2016年,我国各省份城乡居民养老保险累计结余总额为5 385.00亿元,同比增长17.20％。其中,基金收入2 933.00亿元,增长幅度为2.70％;基金支出2 151.00亿元,增长幅度为1.60％,当期结余为782.00亿元。与城镇职工养老保险相比,城乡居民养老保险基金发展相对缓慢,但也同样存在区域间发展不平衡的问题。

根据表4-5的数据,天津、河北、江苏、安徽、山东、河南、湖北、湖南、广东、四川10个省份的养老保险累计结余总额达3 419.00亿元,约占全国城乡居民养老保险累计结余总额的63.50％。而2016年当期黑龙江则收不抵支。总之,由表4-5可知,各省份城乡居民养老保险基金的累计结余差距大,存在着严重的地区发展不平衡。

表 4-5　2016年各省份城乡居民基本养老保险基金累计结余情况

单位:亿元

地　区	累 计 结 余	地　区	累 计 结 余
北京	139.00	安徽	268.00
天津	202.00	福建	124.00
河北	249.00	江西	137.00
山西	146.00	山东	684.00
内蒙古	75.00	河南	351.00
辽宁	63.00	湖北	202.00
吉林	43.00	湖南	222.00
黑龙江	52.00	广东	385.00
上海	77.00	广西	111.00
江苏	504.00	海南	51.00
浙江	151.00	重庆	101.00

续　表

地　区	累 计 结 余	地　区	累 计 结 余
四川	352.00	甘肃	114.00
贵州	91.00	青海	27.00
云南	192.00	宁夏	23.00
西藏	15.00	新疆	60.00
陕西	171.00		

数据来源:《中国社会保险发展年度报告 2016》,中国港澳台地区数据暂缺。

4.3.3　城镇职工和城乡居民养老保险基金发展的不平衡

2009—2016 年,我国城镇职工养老金替代率总体上维持在 66.5% 左右。据历年的《中国社会保险发展年度报告》统计可知,2009 年,城镇职工养老金替代率为 65.9%;2010 年养老金替代率上升至 67.1%;而 2011—2013 年,养老金替代率持续下降,到 2013 年降至 66.0%;2014 年、2015 年养老金替代率上升,均为67.5%;2016 年,企业离退休人员月人均养老金 2 373 元,基本养老金替代率为65.5%(见图 4-5)。我国城镇职工养老金替代率基本达到全国的总体目标。

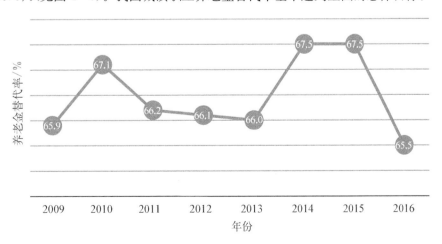

图 4-5　2009—2016 年我国城镇职工养老金替代率

数据来源:根据 2014—2016 年《中国社会保险发展年度报告》整理。

　　我国城镇职工养老保险基金替代率基本维持在 $60\%\sim70\%$，已达到我国养老金替代率的预期目标；城乡居民养老保险基金替代率目前尚无官方数据，但一般认为我国城乡居民养老保险基金替代率比较低，城乡居民养老保险基金的保障力度不足，影响了全国的养老保险基金的替代率水平。

第5章
划转的供给侧分析

本书中的国有企业(简称国企),指国务院和地方人民政府分别代表国家履行出资人职责的国有独资企业/公司、国有资本控股公司,包括中央和地方国有资产监督管理机构和其他部门所监管的企业本级及其逐级投资形成的企业。国有企业是中国特色社会主义的重要物质基础和政治基础,在推动经济社会发展、保障和改善民生、保护生态环境等方面发挥着重要作用①。

本章以全国国有企业、中央直属国有企业以及地方5个省份国有企业为样本,分析国有企业的国有资本的存量和发展情况,探讨其是否具备充实社会保障基金的物质基础。中央直属国有企业毫无疑问是划转的优先考虑范围,其他5个省份情况:山东作为我国各省份在划转国有资本充实社保基金方面的率先实践者,研究其国有企业的发展状况,具有相当大的现实意义;上海是我国经济发达地区老龄化最严重的省份之一,所以也具备一定的代表性;安徽作为中部经济发展中地区,可以很好地代表中部经济实力一般的省份;北京则因为其国有企业规模总量大,增长趋势大,而具备一定的代表性;内蒙古的国有企业产业结构以矿产、化工、农牧业为主,能够代表西部各省份,选择其作为西部地区的代表。故,选取中央直属国有企业和北京、山东、上海、安徽、内蒙古5个省份作为样本具有一定的典型性。

---

① 中共中央关于建立国务院向全国人大常委会报告国有资产管理情况制度的意见[R].2017 - 12 - 30.

5.1　全国国有企业国有资本存量分析

国资国有企业改革以来，我国国有企业[①]户数总体上呈现下降趋势。在一些年份，虽有小幅度上升，但是在 2003—2007 年，国企数目以年均 4.67% 的速度下降，从 2003 年的 34 280 家下降至 2007 年的 20 680 家；在 2011 年，全国国有及国有控股企业总数第一次下降至 20 000 家以下，为 17 052 家，之后 2012 年、2013 年、2014 年和 2015 年有小幅度上升，但是总体上升幅度小于下降幅度（见图 5-1）。到 2015 年，全国国有及国有控股企业总户数为 19 273 家，2016 年再次出现些微下降，为 19 022 家。

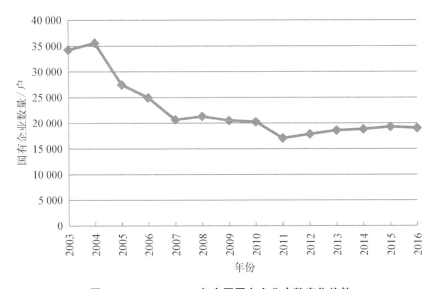

图 5-1　2003—2016 年全国国有企业户数变化趋势

虽然全国国有及国有控股企业的数量在下降，但是国有资本的规模总体发展较为良好，呈上升趋势。《中国统计年鉴 2017》数据显示，2003 年全国国有企业的资产总额为 94 519.79 亿元，到 2016 年，14 年间，资产总额以年均 12.78% 的增速持续增长，2009 年突破 20 万亿元大关，达到 215 742.01 亿元；

---

①　鉴于数据的可及性，本章中的国有资本数据，以《中国统计年鉴 2017》中的国有及国有控股工业企业的国有资本数据表示。下同。

2016 年国有企业资产总额已经达到 417 704.16 亿元(见表 5-1)。

表 5-1　全国国有企业国有资本运营情况统计

年份	资产总额/亿元	利润总额/亿元	营业收入/亿元	所有者权益/亿元	总资产贡献率/%	本年应交增值税/亿元
2003	94 519.79	3 836.20	58 027.15	38 381.02	10.09	3 025.57
2004	109 708.25	5 453.10	71 430.99	47 479.25	11.00	3 514.68
2005	117 629.61	6 519.75	85 574.18	50 625.00	11.87	4 098.37
2006	135 153.35	8 485.46	101 404.62	58 656.37	12.92	4 930.24
2007	158 187.87	10 795.19	122 617.13	68 568.59	13.79	5 951.44
2008	188 811.37	9 063.59	147 507.90	77 388.89	11.77	6 769.35
2009	215 742.01	9 287.03	151 700.55	85 186.57	11.29	6 508.74
2010	247 759.86	14 737.65	194 339.68	98 085.57	13.63	8 362.00
2011	281 673.87	16 457.57	228 900.13	109 233.20	13.69	9 406.51
2012	312 094.37	15 175.99	245 075.97	120 336.80	12.77	10 201.77
2013	343 985.88	15 917.68	257 816.87	128 655.20	12.23	10 835.46
2014	371 308.84	14 508.02	262 692.28	141 476.80	11.32	10 780.89
2015	397 403.65	11 416.72	241 668.91	154 298.40	10.41	10 726.32
2016	417 704.16	12 324.14	238 990.23	—	—	—

数据来源:根据《中国统计年鉴 2017》整理。

据统计,2003 年,全国国有企业利润总额为 3 836.20 亿元,2003—2007 年,以年均 29.76% 的增速持续上升,到 2007 年其利润总额突破 1 万亿元,达到 10 795.19 亿元。但是,2011 年之后呈现下滑趋势。2016 年,利润总额实现略微增长,全国国有企业的利润总额达到 12 324.14 亿元,占当年 GDP 的 1.66%。另外,虽然营业收入从 2003—2014 年在数值上一直呈现不断上升的趋势,其数值从 58 027.15 亿元上升到了 262 692.28 亿元,但是 2015 年和

2016 年有所下降。

由图 5-2 可知,全国国有企业的资产总额、利润总额、营业收入、所有者权益、本年应交增值税等指标,在 2003—2016 年,大体上呈上升趋势。这主要得益于我国社会主义市场经济体制的日渐发展成熟,国有企业获得了蓬勃发展的契机,其资产总额、利润总额、营业收入都得到了不同程度的增长。2016年的资产总额相较于 2003 年增长了 342%,利润总额增长了 221%,营业收入增长了 312%。国有企业的不断发展壮大,说明了国有企业资本存量具有了划转国有资本充实社会保障基金的坚实的物质基础。

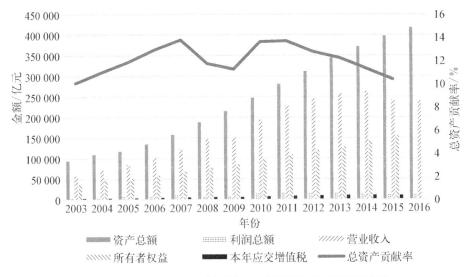

图 5-2　2003—2016 年全国国有企业国有资本存量发展态势

5.2　中央直属国有企业
国有资本存量分析

中央企业包括国务院国资委监管的中央企业、中央行政部门和事业单位所属企业和中央金融机构。我国于 2003 年建立了国务院国有资产监督管理委员会,根据国务院国资委官方网站的资料,截至 2021 年 12 月,国务院国资委监管的中央直属国有企业共有 97 家,如表 5-2 所示。

表 5 - 2　国务院国资委监管的 97 家中央直属企业

序号	企业(集团)名称	序号	企业(集团)名称
1	中国核工业集团有限公司	23	中国电信集团有限公司
2	中国航天科技集团有限公司	24	中国联合网络通信集团有限公司
3	中国航天科工集团有限公司		
4	中国航空工业集团有限公司	25	中国移动通信集团有限公司
5	中国船舶集团有限公司	26	中国卫星网络集团有限公司
6	中国兵器工业集团有限公司	27	中国电子信息产业集团有限公司
7	中国兵器装备集团有限公司		
8	中国电子科技集团有限公司	28	中国第一汽车集团公司
9	中国航空发动机集团有限公司	29	东风汽车集团有限公司
10	中国融通资产管理集团有限公司	30	中国一重集团有限公司
		31	中国机械工业集团有限公司
11	中国石油天然气集团有限公司	32	哈尔滨电气集团公司
12	中国石油化工集团有限公司	33	中国东方电气集团有限公司
13	中国海洋石油集团有限公司	34	鞍钢集团有限公司
14	国家石油天然气管网集团有限公司	35	中国宝武钢铁集团有限公司
15	国家电网有限公司	36	中国铝业集团有限公司
16	中国南方电网有限责任公司	37	中国远洋海运集团有限公司
17	中国华能集团有限公司	38	中国航空集团有限公司
18	中国大唐集团有限公司	39	中国东方航空集团有限公司
19	中国华电集团有限公司	40	中国南方航空集团有限公司
20	国家电力投资集团有限公司	41	中国中化控股有限责任公司
21	中国长江三峡集团有限公司	42	中粮集团有限公司
22	国家能源投资集团有限责任公司	43	中国五矿集团公司

续　表

序号	企业(集团)名称	序号	企业(集团)名称
44	中国通用技术(集团)控股有限责任公司	65	有研科技集团有限公司
		66	矿冶科技集团有限公司
45	中国建筑集团有限公司	67	中国国际技术智力合作集团有限公司
46	中国储备粮管理集团有限公司		
47	国家开发投资集团有限公司	68	中国建筑科学研究院有限公司
48	招商局集团有限公司	69	中国中车集团有限公司
49	华润(集团)有限公司	70	中国铁路通信信号集团有限公司
50	中国旅游集团公司[香港中旅(集团)有限公司]	71	中国铁路工程集团有限公司
51	中国商用飞机有限责任公司	72	中国铁道建筑集团有限公司
52	中国节能环保集团有限公司	73	中国交通建设集团有限公司
53	中国国际工程咨询有限公司	74	中国信息通信科技集团有限公司
54	中国诚通控股集团有限公司		
55	中国中煤能源集团有限公司	75	中国农业发展集团有限公司
56	中国煤炭科工集团有限公司	76	中国林业集团有限公司
57	中国机械科学研究总院集团有限公司	77	中国医药集团有限公司
		78	中国保利集团有限公司
58	中国中钢集团有限公司	79	中国建设科技有限公司
59	中国钢研科技集团有限公司	80	中国冶金地质总局
60	中国化学工程集团有限公司	81	中国煤炭地质总局
61	中国盐业集团有限公司	82	新兴际华集团有限公司
62	中国建材集团有限公司	83	中国民航信息集团有限公司
63	中国有色矿业集团有限公司	84	中国航空油料集团有限公司
64	中国稀土集团有限公司	85	中国航空器材集团有限公司
		86	中国电力建设集团有限公司

续　表

序号	企业(集团)名称	序号	企业(集团)名称
87	中国能源建设集团有限公司	93	南光(集团)有限公司［中国南光集团有限公司］
88	中国安能建设集团有限公司		
89	中国黄金集团有限公司	94	中国电气装备集团有限公司
90	中国广核集团有限公司	95	中国物流集团有限公司
91	中国华录集团有限公司	96	中国国新控股有限责任公司
92	华侨城集团有限公司	97	中国检验认证(集团)有限公司

数据来源：国务院国资委官方网站(发布时间：2021 年 12 月 23 日)。

目前,中央直属国有企业国有资本发展情况较好,其资产总额总体上呈上升趋势。近年来,中央直属国有企业发展前景较好,国有资本的规模不断发展壮大。

5.3　地方国有企业国有资本存量分析

关于地方国有企业的国有资本的发展情况,这里选取一些典型省份的国有企业的国有资本数据进行分析。

5.3.1　北京市国有企业国有资本存量分析

首先,从资产总额、利润总额、营业收入三个主要指标来看。统计数据显示,2003—2016 年,北京市国有企业资产总额连年增高,2005 年资产总额达到10 105.97 亿元,首次突破 1 万亿元(见表 5 - 3)。2012 年资产总额达到21 598.31 亿元,首次突破 2 万亿元,近几年资产总额增长幅度较大,2016 年资产总额达到 31 481.11 亿元,突破 3 万亿元。利润总额,2005 年为 240.13 亿元,2007 年为 382.75 亿元,2010 年为 558.16 亿元,2013 年为 709.05 亿元,基本上隔 2—3 年提升 100 亿元,利润总额随年份增长速度快、持续性强,2016

年,利润总额达到了 1 020.27 亿元。可见,北京市国有企业利润总额维持稳定的状态,且发展空间大。营业收入 2004 年达到 2 756.97 亿元后,几乎每年提升 1 000 亿元;相比利润总额,其增幅更大,2014 年达到峰值 11 180.75 亿元,2015 年略有下降,2016 年实现平稳增长。

表 5 - 3   2003—2016 年北京市国有企业国有资本运营情况统计

年份	资产总额 /亿元	利润总额 /亿元	营业收入 /亿元	所有者权益 /亿元	总资产 贡献率 /%	本年应交 增值税 /亿元
2003	3 388.12	147.57	1 646.01	2 424.00	7.72	100.81
2004	3 801.26	160.02	2 756.97	4 691.44	8.75	89.68
2005	10 105.97	240.13	3 867.93	6 958.87	4.50	124.65
2006	10 613.19	290.51	4 217.84	7 179.48	4.89	132.03
2007	12 152.07	382.75	5 033.91	8 014.94	5.52	174.19
2008	12 218.51	255.54	5 500.31	6 744.01	4.64	158.80
2009	14 268.37	368.41	6 246.99	7 490.23	5.56	185.42
2010	16 641.07	558.16	7 828.27	8 648.54	6.29	221.18
2011	19 370.26	653.49	8 868.00	9 926.31	6.35	252.26
2012	21 598.31	783.93	9 775.30	10 536.85	6.58	246.94
2013	23 335.27	709.05	10 680.26	11 314.06	6.17	278.98
2014	24 400.90	937.27	11 180.75	11 997.21	6.29	313.86
2015	28 300.17	1 097.01	10 507.68	12 680.36	6.41	348.74
2016	31 481.11	1 020.27	11 122.99	——	——	——

数据来源：根据《中国统计年鉴 2017》数据整理。

其次,从所有者权益、总资产贡献率、增值税三个指标来看。如表 5 - 3 所示,北京市国有企业所有者权益 2007 年达到 8 014.94 亿元,首次突破 8 000 亿元,2015 年达到 12 680.36 亿元。总资产贡献率是衡量国有控股工业企业是否有能力进行划转资本的一个重要指标。北京市国有企业总资产贡献率,在14 年间基本保持在 4%～9%之间,2003 年为 7.72%,2004 为 8.75%,是资产总额贡献率最高的两年,2010—2015 年基本保持在略高于 6%的水平。增值税,2004 年为 89.68 亿元,2010 年达到 221.18 亿元,突破 200 亿元,2015 年为348.74 亿元,达到高值。

根据 2003—2016 年各指标的趋势变化,北京市国有企业利润总额增长率2003—2016 年,呈平稳上升趋势,2016 年利润总额为 1 020.27 亿元。北京市国有企业所有者权益与营业收入的增长率大致相同(如图 5 - 3 所示):2008年稍有下滑后,自 2009 年起,逐步回升,于 2015 年达到 12 680.36 亿元;增值税自 2003—2015 年总体呈增长态势,2015 年达到 348.74 亿元;总资产贡献率2010—2016 年基本维持在 6%以上。

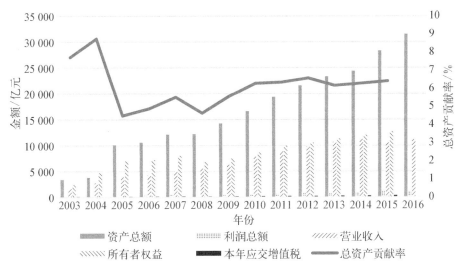

图 5 - 3 2003—2016 年北京市国有企业国有资本存量发展趋势

5.3.2 山东省国有企业国有资本存量分析

山东省是全国最早实行划转国有资本充实社会保障基金的省份。2015 年3 月出台的《山东省省属企业国有资本划转充实社会保障基金方案》规定,山东省省属企业 30%的国有资本划转至省社保基金,这一工作已于 2016 年年底全部划转完毕。在基金统一由社保基金理事会管理之后,山东由此实现了全省社保基金的省级统一管理、核算、委托。

表 5 - 4 的统计表明,2003—2016 年,山东省国有企业各项指标呈稳步上升态势。

表 5 - 4　2003—2016 年山东省国有企业国有资本运营情况统计

年份	资产总额 /亿元	利润总额 /亿元	营业收入 /亿元	所有者权益 /亿元	总资产 贡献率 /%	本年应交 增值税 /亿元
2003	7 488.79	264.88	6 667.13*	5 870.50	12.34	595.42
2004	8 374.07	560.82	7 220.71	4 580.74*	13.97	329.14
2005	8 329.05	747.09	7 774.29	3 290.99	15.84	346.22
2006	10 015.43	888.93	9 530.65	3 867.49	16.71	446.60
2007	11 020.21	976.88	8 911.31	4 506.78	17.64	506.02
2008	12 969.11	929.75	13 566.25	5 390.42	16.65	589.04
2009	14 841.52	873.74	13 312.93	6 149.32	13.95	541.33
2010	16 726.97	1 289.38	17 491.02	6 862.06	16.35	680.34
2011	19 667.90	1 488.60	20 040.70	7 227.56	16.81	758.48
2012	21 952.47	1 344.03	21 889.06	8 205.19	14.96	824.61
2013	24 099.53	1 214.00	22 472.59	8 908.00	13.06	788.82
2014	25 644.78	1 209.38	22 254.89	9 220.26	12.29	834.66
2015	28 344.50	948.91	19 807.68	9 532.52*	11.52*	880.50*
2016	29 156.42	927.76	20 044.34	——	——	——

　* 数据为缺失数据,按照前后年份平均数或增长率推算。下同。
　数据来源：根据《中国统计年鉴 2017》数据整理。

首先,分析资产总额、利润总额、营业收入三个主要指标。山东省国有企业资产总额于 2004 年达到 8 374.07 亿元,突破 8 000 亿元,2006 年达到 10 015.43 亿元,之后保持在 1 万亿元以上。2012 年达到 21 952.47 亿元,

突破 2 万亿元,2016 年达到 29 156.42 亿元。利润总额 2005 年达到 747.09
亿元,相比之前几年的增幅较大,2010 年上升至 1 289.38 亿元,首次突破
1 000 亿元,且明显高于上一年,2011 年达到统计中的巅峰值 1 488.60 亿
元,2012—2016 年呈下降趋势。营业收入,2008 年跃至 13 566.25 亿元,是
2004—2008 年增长幅度最大的一年,2011 年达到 20 040.7 亿元,呈现增长
趋势,2014—2016 年有小幅波动。

其次,从所有者权益、总资产贡献率、增值税三个指标来看。山东省国
有企业所有者权益 2008 年达到 5 390.42 亿元,突破 5 000 亿元,在此之后
的年份,增长较为稳定,2012 年达到 8 205.19 亿元,由此上升至 8 000 亿元
以上,2014 年达到 9 220.26 亿元。山东国有企业总资产贡献率基本稳定在
15％左右,2009 年稍有滑落,至 13.9％,而后继续呈增长势态,2011 年达到
16.81％,之后资产贡献率又开始逐步走低。增值税在 2003 年就达到了一
个较高的水平,为 595.42 亿元,之后几年逐渐减少,直至 2008 年重新达到
589.04 亿元;2014 年增值税达到 834.66 亿元。

根据 2003—2016 年山东省国有企业各指标的趋势变化(见图 5 - 4),可
知:山东省国有企业资产总额从 2003 年的 7 488.79 亿元经过 14 年的逐步
累积,2016 年已达到 29 156.42 亿元。营业收入也基本保持增长,2007 年稍

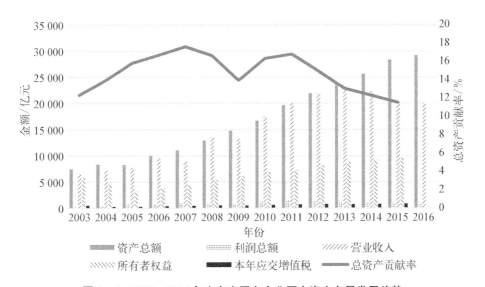

图 5 - 4　2003—2016 年山东省国有企业国有资本存量发展趋势

回落至 8 911.31 亿元,2008 年反弹至 13 566.25 亿元,2009—2013 年保持连续增长的势态,后稍有波动,2016 年达到 20 044.34 亿元。利润总额 2003—2011 年虽偶有波动但整体稳步上升,但 2012—2016 年呈现连续下滑的趋势。同时,所有者权益和应交增值税基本呈现随年份逐渐上升趋势。

5.3.3　上海市国有企业国有资本存量分析

上海是我国的经济中心,是我国第一大城市,经济发展繁荣,国有资本雄厚。截至 2015 年年底,上海地方国有企业共计 11 493 户。统计表明,2003—2016 年上海市国有企业各项指标整体上基本呈现稳步上升趋势(见表 5 - 5)。

表 5 - 5　2003—2016 年上海市国有企业国有资本运营情况统计

年份	资产总额/亿元	利润总额/亿元	营业收入/亿元	所有者权益/亿元	总资产贡献率/%	本年应交增值税/亿元
2003	6 320.43	228.77	4 514.53*	5 842.10	12.01	220.01
2004	6 979.88	583.73	5 499.01	5 201.83*	14.87	231.29
2005	8 088.32	510.95	6 483.49	4 561.56	11.72	244.55
2006	8 781.05	568.99	7 489.72	4 956.16	12.12	267.31
2007	10 030.39	638.64	7 291.19	5 454.64	12.42	335.10
2008	10 936.37	335.25	9 757.75	5 548.36	8.67	288.22
2009	12 002.67	688.26	10 062.12	6 043.80	12.67	359.97
2010	11 190.55	1 130.68	12 743.02	6 540.37	17.12	449.37
2011	13 552.38	1 143.80	13 761.16	7 111.03	17.26	449.65
2012	14 132.78	1 123.26	13 556.68	7 774.77	16.69	438.16
2013	15 167.29	1 313.91	13 822.35	8 412.20	18.18	494.85
2014	16 244.07	1 408.88	14 081.10	8 839.12	17.51	503.29

续　表

年份	资产总额 /亿元	利润总额 /亿元	营业收入 /亿元	所有者权益 /亿元	总资产 贡献率 /%	本年应交 增值税 /亿元
2015	17 437.33	1 475.16	13 430.02	9 266.04*	16.84*	511.73*
2016	18 841.63	1 544.02	13 518.46	——	——	——

数据来源：根据《中国统计年鉴 2017》数据整理。

　　首先,分析上海市国有及国有控股企业的资产总额、利润总额、营业收入。表 5-5 显示,上海市国有企业的资产总额在 2007 年达到 10 030.39 亿元,首次突破 1 万亿元,并且总体上基本随年份逐渐增长,增幅基本稳定,2016 年达到 18 841.63 亿元。利润总额在 2004 年达到 583.73 亿元,有明显增幅,之后几年较为稳定,2008 年虽然突然滑落至 335.25 亿元,但是在 2010 年实现大飞跃,利润总额一下跃至 1 130.68 亿元,2012—2016 年保持稳步增长的态势,2016 年达到 1 544.02 亿元。营业收入十分稳健,2009 年上海市国有企业的营业收入达到 10 062.12 亿元,开始迈过 1 万亿元的门槛,随后几年也基本保持了这种势头,发展稳定,2014 年达到 14 081.10 亿元,2015 年略有下降,2016 年恢复增长。

　　其次,从所有者权益、总资产贡献率、增值税三个指标来分析。上海市国有企业的所有者权益,2003 年为 5 842.10 亿元,之后 2005 年、2006 年略有下滑,2007 年重新突破 5 000 亿元,达到 5 454.64 亿元。此后 2008—2014 年每年呈现稳定增长,2014 年达到 8 839.12 亿元。从总资产贡献率来看,2003—2007 年上海市国有企业基本维持在 12% 左右,2008 年突然下滑至 8.67%,而后 2009 年继续上升,2010 年达到 17.26%,增幅明显,2013 年达到 18.18%,2014 年后略有降低。

　　如图 5-5 所示,纵观上海市国有企业 2003—2016 年各指标的发展趋势,各项指标整体基本呈递增状态,增幅稳定,与山东省相比,总额相差不大,这也意味着上海市国有企业国有资本经营情况占据全国领先地位。上海市国有企业 2016 年资产总额已达到 18 841.63 亿元,遥遥领先于全国其他省份。营业收入也保持增长趋势,稳步升高,2016 年营业收入达到 13 518.46 亿元。利润总额总体不断上升,2008 年虽有明显下降,2009 年以后开始增长,2012 年略有下降,2016 年增长到 1 544.02 亿元。

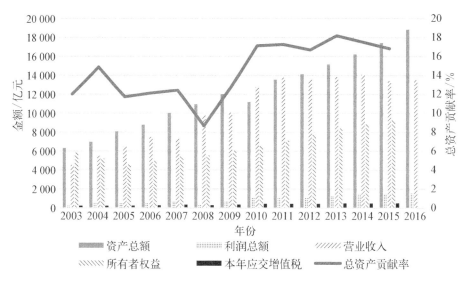

图 5-5   2003—2016 年上海市国有企业国有资本存量发展趋势

上海市国有企业国有资本运营情况较为稳定，所有者权益连年增长，增值税 2014 年达到 503.29 亿元。经济效益指标均呈现良好发展趋势。上海市国有企业的国有资本发展具有良好的经济基础，使划转国有资本充实社会保障基金的可行性大为提高。

5.3.4   安徽省国有企业国有资本存量分析

安徽省位于我国中部，近年来经济开始快速发展。表 5-6 是对 2003—2016 年安徽省国有企业国有资本运营情况的统计。统计表明，2003—2016 年，安徽省国有企业各项指标呈现稳步上升势态。

表 5-6   2003—2016 年安徽省国有企业国有资本运营情况统计

年份	资产总额/亿元	利润总额/亿元	营业收入/亿元	所有者权益/亿元	总资产贡献率/%	本年应交增值税/亿元
2003	2 572.42	83.92	1 759.65*	1 441.34	10.78	148.94
2004	3 088.87	114.35	2 120.47	1 326.44*	10.84	110.19

续　表

年份	资产总额/亿元	利润总额/亿元	营业收入/亿元	所有者权益/亿元	总资产贡献率/%	本年应交增值税/亿元
2005	3 282.52	140.52	2 481.29	1 211.54	11.20	120.28
2006	3 902.47	126.16	2 944.30	1 367.07	10.01	141.78
2007	4 785.59	167.89	3 012.60	1 643.72	10.63	180.33
2008	5 998.81	203.65	5 056.60	1 242.00	10.94	236.69
2009	6 809.72	272.05	5 352.11	2 280.90	11.65	266.49
2010	6 902.07	457.40	7 024.70	2 898.10	13.07	353.79
2011	9 798.64	478.77	8 729.37	3 353.19	12.17	366.19
2012	11 290.86	457.33	9 320.82	3 750.62	10.89	361.66
2013	12 124.23	368.24	10 077.65	4 210.83	9.43	312.01
2014	12 933.86	318.05	9 396.28	4 614.17	8.83	317.56
2015	13 658.84	225.76	9 370.13	5 017.51*	8.23*	323.11*
2016	14 136.94	337.69	9 685.95	—	—	—

数据来源：根据《中国统计年鉴 2017》数据整理。

首先，分析安徽省国有及国有控股企业的资产总额、利润总额、营业收入三个主要指标。安徽省国有企业资产总额 2008 年达到 5 998.81 亿元，是2003—2007 年的重大突破；2012 年资产总额再创新高，达到 11 290.86 亿元，超越了 1 万亿元，资产总额基本呈现随年份逐渐递增的趋势。安徽省国有企业的利润总额，在 2005 年达到小高峰，为 140.52 亿元，是 2003 年、2004 年持续增长的延续，2006 年稍微滑落，2007 年又上升至 167.89 亿元，2008 年首次突破 200 亿元，达到 203.65 亿元。2011 年又出现一个小高峰，为 478.77 亿元，2012—2015 年有所滑落，2016 年恢复增长。营业收入 2007 年达到3 012.60 亿元，首次突破 3 000 亿元，2008 年又跃至 5 056.60 亿元，增幅将近60%，为增幅最大的一年，此后一直到 2013 年增幅依旧很大，2014 年、2015 年有所滑落，2016 年营业收入增长至 9 585.95 亿元。

　　其次,从所有者权益、总资产贡献率、增值税三个指标来看。安徽省国有企业的所有者权益 2007 年达到 1 643.72 亿元,2008 年稍有回落,2009 年达到 2 280.90 亿元,突破 2 000 亿元,2011 年达到 3 353.19 亿元,首次突破 3 000 亿元,2014 年达 4 614.17 亿元。安徽省国有企业资产贡献率基本维持在 10% 左右,2003—2012 年 10 年内无明显变化,2010 年达到 13.07%,达到高值。增值税,2008 年达到 236.69 亿元,首次突破 200 亿元,2010 年达到 353.79 亿元,突破 300 亿元,2011 年达到 366.19 亿元,2012 年以后呈下降趋势。

　　由图 5-6 可知,2003—2016 年,安徽省国有企业资产总额持续上升,上升幅度保持在 10% 左右,相较于其他省份增幅更加稳定。营业收入 2003—2013 年连续走高,2013 年后有所回落,但总体上升十分平稳。2013 年,安徽省国有企业实现营业收入 10 077.65 亿元,创近 5 年新高,2014—2015 年稍微下降,2016 年实现增长。

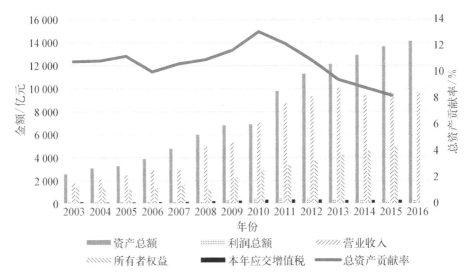

图 5-6　2003—2016 年安徽省国有企业国有资本存量发展趋势

　　2003—2011 年,安徽省国有企业的利润总额增长趋势良好,2011 年达到峰值 478.77 亿元,2012—2015 年虽连续下滑,但是 2016 年开始实现增长。所有者权益从 2003—2008 年,基本维持在 1 500 亿元上下,2009 年起,明显增长,2014 年达到 4 614.17 亿元。增值税 2014 年、2015 年以来逐渐增长。安徽省国有企业的总资产贡献率相较北京市略高,保持在 10％左右。

5.3.5　内蒙古国有企业国有资本存量分析

内蒙古是我国西部地区,其地域辽阔。表 5－7 是对 2003—2016 年内蒙古国有企业国有资本运营情况的统计。统计表明,2003—2016 年,内蒙古国有企业各项指标整体呈现稳步上升势态。

表 5－7　2003—2016 年内蒙古国有企业国有资本运营情况统计

年份	资产总额 /亿元	利润总额 /亿元	营业收入 /亿元	所有者权益 /亿元	总资产 贡献率 /%	本年应交 增值税 /亿元
2003	1 807.38	50.72	826.53*	994.16	7.71	72.15
2004	2 029.50	57.11	1 202.95	994.56*	9.07	64.45
2005	2 788.87	113.20	1 579.37	994.96	9.82	113.20
2006	3 619.72	139.87	1 965.54	1 335.75	9.75	130.02
2007	4 738.90	272.62	1 756.08	1 791.24	11.43	165.77
2008	6 129.29	231.42	3 375.23	2 067.83	9.81	221.91
2009	6 399.97	348.59	3 605.95	2 273.94	11.28	213.07
2010	7 887.52	624.47	4 463.56	3 015.59	13.42	254.03
2011	10 263.28	856.30	6 020.73	3 711.73	13.94	324.53
2012	11 604.14	716.45	6 046.20	4 297.17	11.50	325.32
2013	12 236.87	500.14	6 287.62	4 707.63	9.55	322.06
2014	14 449.95	214.96	5 939.01	5 004.63	6.27	287.85
2015	15 388.83	50.38	5 515.48	5 301.63*	2.99*	253.64*
2016	15 966.88	163.84	5 299.5	—	—	—

数据来源：根据《中国统计年鉴 2017》数据整理。

首先,分析内蒙古国有企业的资产总额、利润总额、营业收入三个主要指标。表 5 - 7 显示，内蒙古国有企业的资产总额 2007 年达到 4 738.90 亿元，2008 年达到 6 129.29 亿元，增幅明显，2011 年达到 10 263.28 亿元，突破 1 万亿元，随后几年增幅稳定，2016 年达到 15 966.88 亿元。内蒙古国有企业的利润总额 2005 年达到 113.20 亿元，2007 年达到 272.62 亿元，突破 200 亿元，2010 年跃至 624.47 亿元，增幅较大，2011 年利润总额达到 856.30 亿元，2012—2015 年连续下滑，2016 年恢复增长势头。内蒙古国有企业的营业收入 2006 年达到 1 965.54 亿元，2008 年跃至 3 375.23 亿元，2013 年增长达到 6 287.62 亿元，2014—2016 年呈下降趋势。

其次，对内蒙古国有企业的所有者权益、总资产贡献率、增值税三个指标进行分析。内蒙古国有企业的所有者权益在 2008 年突破 2 067.83 亿元，是 2003 年以来增长幅度最大的一年，2010 年达到 3 015.59 亿元，2014 年达到 5 004.63 亿元，基本相隔两年增长 1 000 亿元。总资产贡献率 2011 年达到 13.94％，2012 年以后呈下降趋势。增值税 2005 年达到 113.20 亿元，首次突破 100 亿元关口，2008 年达到 221.91 亿元，突破 200 亿元，2011 年达到 324.53 亿元，突破 300 亿元，增幅相对稳定，2013 年以来呈现下降趋势。

由图 5 - 7 可知，内蒙古国有企业的资产总额 2013—2016 年持续上升，2016 年共计 15 966.88 亿元。营业收入增幅明显，至 2013 年为 6 287.62 亿

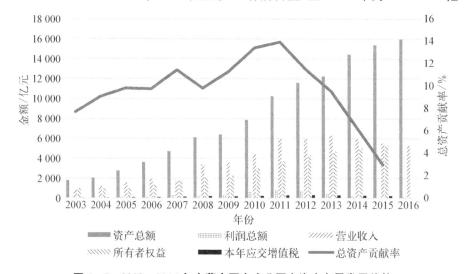

图 5 - 7　2003—2016 年内蒙古国有企业国有资本存量发展趋势

元,2014—2016 年有所下滑。利润总额跳动幅度较大,2003 年仅为 50.72 亿元,到 2013 年达到 500.14 亿元,可见内蒙古国有企业的发展非常迅猛,但是 2014—2015 年跌幅很大,2016 年才恢复增长。

与北京、上海、山东、安徽相比,内蒙古国有企业所有者权益丝毫不亚于上述各省份,其 2014 年达到 5 004.63 亿元,且每年增幅较稳定。增值税也总体呈现递增趋势,总资产贡献率最高的 2010 年,为 13.94%,高于安徽省。内蒙古作为西部省份在国有企业各项指标中十分突出。

以上是对北京、山东、上海、安徽、内蒙古国有企业国有资本发展情况的分析。相比而言,北京、山东、上海的国有企业资产总额明显高于安徽、内蒙古的历年水平,其中,山东的国有企业的资产总额水平最稳定,2003 年的资产总额已为 7 488.79 亿元,是所有省份中起点最高的省份。再看利润总额,上海、山东远远超过其他 3 个省份,2010 年双双超过 1 000 亿元。安徽省和内蒙古基本维持在几百亿元,起起伏伏,还未突破 1 000 亿元。利润总额是划转国有资本的重要依据。可以看出上海、山东、北京划转国有资本的基础较为雄厚,有利于未来划转国有资本的实施和操作。

营业收入方面,总额从高到低排列的顺序为山东、上海、北京、安徽、内蒙古。除了内蒙古以外,其余各省份每年均超过 1 万亿元,发展势头较为良好。内蒙古作为西部省份,经济基础薄弱,但近几年发展速度明显增快,2012 年、2013 年、2014 年发展水平稳定,保持在 6 000 亿元左右,与发达地区的差距在逐渐缩小。在总资产贡献率方面,占比从高到低排序依次为山东、上海、安徽、内蒙古、北京。前几个指标相对落后的安徽、内蒙古在总资产贡献率方面占比较高,且发展趋势良好。由此可见,中西部省份国有企业在不断向前发展,未来划转国有资本的基础会越来越强。在所有者权益方面,北京的数额最高,其次为山东、上海、安徽、内蒙古。北京 2012 年超过 1 万亿元,其余省份基本在几千亿元上下浮动。

综上所述,山东、上海、北京国有企业的国有资本规模较大,且发展趋势良好,可以先行开展划转。中西部地区的安徽、内蒙古虽然各项经济指标不如其他发达地区,但有几项指标超过发达地区,可见其国有资本未来的发展空间较大,也为未来划转国有资本充实社会保障基金奠定了一定的物质基础。

从全国、中央和地方的国有企业国有资本数据统计分析来看,沿海省份的国有资本发展情况相对较好，具备了进行先期试点划转的基础，中央企业普遍国有资本规模较大，营利能力较强，也具备了先期试点划转的基础。因此，划转可以选择 5 个左右的沿海发达省份和 3 家左右的中央企业先期开展，在取得可复制、可推广的划转经验后，再向全国和全部中央企业展开。

第6章
全国国有资本充实社会保障
基金方案仿真模拟

本章将在人口预测的基础上,对养老保险基金的收支缺口进行预测,继而测算划转国有资本充实社会保障基金的最优划转比例与合理区间。

6.1 全国养老保险基金缺口仿真分析

6.1.1 我国人口预测研究

以 2016 年全国 1‰人口抽样调查数据为基础,结合我国第六次人口普查数据,构建系统动力学人口模型。虽是基于第六次人口普查数据,但跟第七次人口普查数据整体趋势一致,模型较为科学。该模型是基于老化链结构的人口仿真模型,通过对人口系统的分析,预测我国养老保险缴费人口、领取人口的变化。

6.1.1.1 模型假设

在预测期间内,假定不发生大的疫情、灾难或战争等引起人口重大变化的事件,不考虑人口的跨国迁移,假设出生性别比没有大的波动,假设各年龄段的女性出生概率基本不变。

6.1.1.2 模型的建立与求解

(1)系统动力学模型。系统动力学模型特别适合分析解决社会、经济等

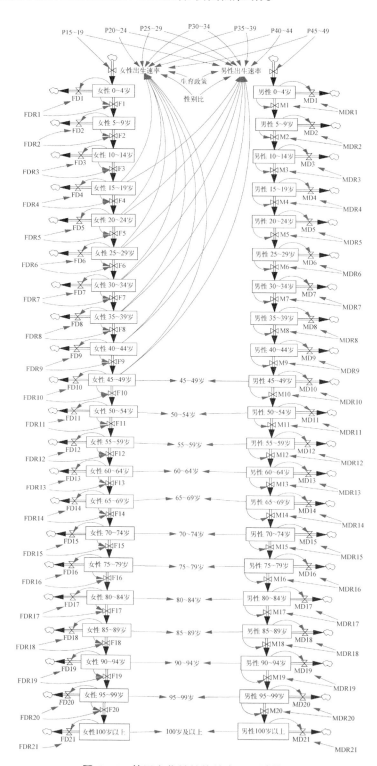

图 6-1　基于老化链结构的人口系统模型

一类非线性复杂大系统的问题。该模型以定性分析为先导、定量分析为支持，从系统内部机制微观入手，剖析系统进行建模。人口预测属于系统分析的范畴，其实质就是先给定控制参数，即政策参数，然后定量预测出各个年龄段的人口数量及人口结构。

（2）人口系统动力学模型建立。基于人口老化链结构，将总人口分成若干个年龄段。模型中，每 5 岁为一个年龄段，将总人口分为 0～4 岁、5～9 岁……95～99 岁、100 岁以上，共 21 个年龄段。按照一般规律，16～49 岁年龄段的女性为育龄妇女，人口系统模型如图 6-1 所示。

本模型的各年龄段的人口数量为我国的户籍人口。由于我国跨国迁移人口数量相对较小，故模型中没有考虑国际迁移。在模型中，每一个年龄段的人口只有一个人口输入流，就是该年龄段新出生的人口加上上一年龄段存活的人口。每个年龄段人口的输出流有两个：一个是转移到下一年龄段人口，称作转移速率；另一个是死亡人口，称作死亡速率。

根据我国第六次人口普查数据计算各年龄段人口死亡率，结果如表 6-1 所示。

表 6-1　2010 年我国各年龄段人口死亡率　　　　单位：‰

年 龄 段	小 计	男	女
0～4 岁	0.60	0.70	0.60
5～9 岁	0.30	0.40	0.20
10～14 岁	0.30	0.40	0.20
15～19 岁	0.40	0.50	0.30
20～24 岁	0.50	0.70	0.30
25～29 岁	0.60	0.80	0.40
30～34 岁	0.80	1.10	0.50
35～39 岁	1.20	1.60	0.70
40～44 岁	1.70	2.30	1.10
45～49 岁	2.50	3.30	1.60

续　表

年 龄 段	小 计	男	女
50～54 岁	4.30	5.60	2.90
55～59 岁	6.10	7.90	4.20
60～64 岁	10.00	12.60	7.30
65～69 岁	16.90	21.00	12.80
70～74 岁	30.30	36.50	24.20
75～79 岁	48.70	58.30	40.20
80～84 岁	80.90	93.60	70.80
85～89 岁	121.90	139.40	110.70
90～94 岁	177.10	196.00	167.60
95～99 岁	202.00	197.90	203.90
100 岁以上	458.80	527.70	436.20

　　1978—2016 年，根据我国人口平均死亡率的变化趋势，大致可以分为两个阶段，即 1978—1999 年呈现先增长、后降低的趋势；而在 2000 年以后，平均死亡率在快速增长以后逐步平缓，随着人口健康水平的提升，平均死亡率在未来预计变动趋势较小（见图 6－2）。因此，这里利用 2000 年以后的数据进行模拟

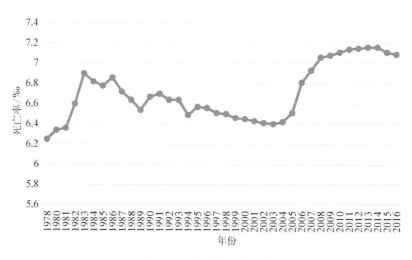

图 6－2　人口死亡率变动

仿真,利用 SPSS 建立时间序列模型,对死亡率的变动趋势进行预测。假设 2016 年之后死亡率的变动仍然符合该趋势,选择 2000—2016 年的数据,模拟死亡率的变动趋势函数,对 2017—2050 年死亡率的变动趋势进行预测。经过模拟,得出对数模型的拟合效果最好,结果如表 6 - 2 所示。其中,B 为非标准化回归系数,$Beta$ 是常量为 0 时的回归系数值,t 为 t 检验的过程值。

表 6 - 2　死亡率函数模拟系数

	未标准化系数		标准化系数	t	显著性
	B	标准误差	$Beta$		
ln Y	128.059	14.589	0.920	8.778	0.000
(常量)	−967.012	110.946	—	−8.716	0.000

根据拟合结果得出死亡率的变动趋势模型为

$$DR = -967.012 + 128.059 \ln Y$$

式中,DR 为死亡率,Y 为年份。根据该模型,计算得出 2017—2050 年死亡率的变动趋势。

表 6 - 3　死亡率预测结果　　　　　　单位:‰

年　　份	死亡率	年　　份	死亡率
2017	7.37	2024	7.82
2018	7.44	2025	7.88
2019	7.50	2026	7.94
2020	7.56	2027	8.01
2021	7.63	2028	8.07
2022	7.69	2029	8.13
2023	7.75	2030	8.20

续　表

年　份	死 亡 率	年　份	死 亡 率
2031	8.26	2041	8.89
2032	8.32	2042	8.95
2033	8.38	2043	9.01
2034	8.45	2044	9.08
2035	8.51	2045	9.14
2036	8.57	2046	9.20
2037	8.64	2047	9.26
2038	8.70	2048	9.33
2039	8.76	2049	9.39
2040	8.83	2050	9.45

　　根据死亡率的预测，对男性和女性死亡率的变动趋势进行分析。假设男性和女性死亡率的变动趋势相同，且每一年龄段死亡率变动趋势保持一致。据此，假设 2017—2050 年男性和女性死亡率按照 0.7% 的增长率变动。

　　2015 年国家决定实施"全面两孩"政策，生育政策的调整引起我国人口结构和人口总量的变化。当时，在"全面两孩"政策下预测我国未来人口变化趋势成为国内学术界关注的热点问题（陆万军、张彬斌，2016；李建新、王小龙，2017）。中国社会科学院《经济蓝皮书：2015 年中国经济形势分析与预测》指出，中国目前的总和生育率约为 1.4。蔡昉（2015）认为大多数人口学专家认为总和生育率需要做一定调整。另外，根据 2016 年《中国统计年鉴》公布的数据，我国 2015 年的总和生育率仅为 1.18，本章选择总和生育率为 1.4 作为情景一进行人口预测。

　　王军（2015）研究了生育政策调整对中国出生人口规模可能产生的影响，通过 2011—2013 年的重复测量，中国育龄人群现行生育政策条件下的终身生育水平为 1.59。联合国人口司估计中国 2010 年生育率为 1.64,史佳颖、胡耀岭、原新(2013)以 2010 年第六次人口普查数据为基础,设定总和生育率保持目前水平 1.64。陈卫、靳永爱(2011)研究发现,我国 40～49 岁育龄妇女的平均理想子女数为 1.80,平均实际生育子女数为 2.20。汤梦君(2013)指出中国的生育政策正处在一个十字路口,中国原国家人口计生委估计的总和生育率为 1.6～1.8。蔡昉(2015)认为从我国特殊国情出发,今后一段时期比较适宜的生育率水平,应该在 1.8 左右。

本章将总和生育率设为调控变量。基于前人的研究,对生育政策做出如下设定:目前,总和生育率为 1.4,随着生育政策进一步放开,将总和生育率设为 1.6 和 1.8。以此为基础,分析不同总和生育率下,我国未来总人口数量及其结构的变化趋势。

模型中涉及的主要公式有

$$死亡速率 = 该年龄段的死亡率 \times 该年龄段人口$$

$$转移速率 = \frac{该年龄段人口}{该年龄段段长} \times (1 - 该年龄段的死亡率)$$

$$= \frac{该年龄段人口}{(该年龄段上限 - 该年龄段下限) + 1} \times (1 - 该年龄段的死亡率)$$

$$男性出生速率 = \sum_{女性15岁}^{女性49岁} 该年龄段女性人口数量 \times 该年龄段生育概率$$

$$\times \frac{出生性别比}{100 + 性别比} \times 总和生育率$$

$$女性出生速率 = \sum_{女性15岁}^{女性49岁} 该年龄段女性人口数量 \times 该年龄段生育概率$$

$$\times \frac{100}{100 + 出生性别比} \times 总和生育率$$

生育率是影响地区人口自然增长的最主要的参数。由于粗生育率和一般生育率的预测在应用中没考虑到人口年龄结构,这里选择分年龄生育率来预测人口变动的趋势。根据 2016 年全国 1‰ 人口抽样调查数据,结合 2010 年我国第六次人口普查数据,计算得出 2016 年全国育龄妇女分年龄生育率。以

2016 年人口抽样调查数据为基础,结合第六次人口普查数据,确定各相关参数和各年龄阶段人口的初始值,运用前文构建的 21 个年龄阶段人口老化链结构,建立人口系统仿真模型,进行系统仿真。

基于老化链结构的人口系统模型,建立总人口子系统、人口结构子系统。各子系统模型如下。

① 总人口子系统。总人口子系统是总人口数的仿真模拟,总人口数量等于各年龄段人口数之和。总人口子系统模型如图 6-3 所示。

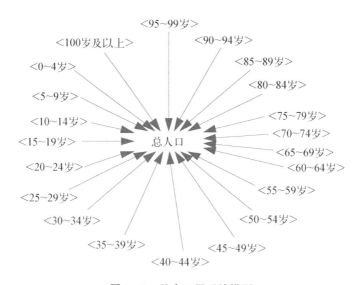

图 6-3   总人口子系统模型

② 人口结构子系统。模型中将人口结构划分为三个阶段。少儿阶段:0～14 岁;劳动年龄人口阶段:15～64 岁;老年阶段:65 岁以上。当政策参数改变时,各年龄阶段的人口数量和人口比例都可以通过该子系统进行仿真模拟,其模型如图 6-4 所示。

(3) 人口系统仿真分析。本部分将在老化链结构的人口系统模型基础上,对不同总和生育率情境下人口总量、人口结构、老龄化人口数量等进行分析。

① 情境一:总和生育率＝1.4。在总和生育率为 1.4 的情境下,预测 2016—2050 年我国人口规模和结构的变动趋势,结果如图 6-5 所示。

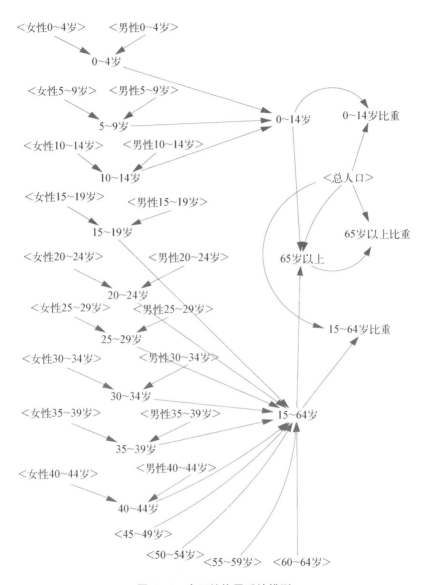

图 6 - 4　人口结构子系统模型

由图 6-5、图 6-6 可知,在情境一即总和生育率为 1.4 的情况下:总人口数量在预测期间,呈先升后降趋势,少儿人口和劳动年龄段人口持续下降,老年人口数量呈上升趋势。

由表 6-4、表 6-5 可知,我国总人口数由 2016 年的 13.83 亿增加到 2026 年的 14.22 亿,然后下降到 2050 年的 12.76 亿(不考虑迁移人口)。劳

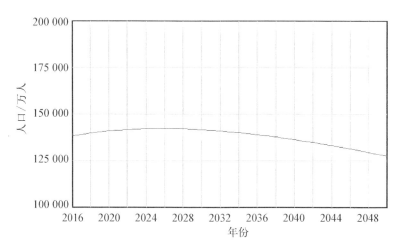

图 6－5　情境一情况下 2016—2050 年人口变化趋势

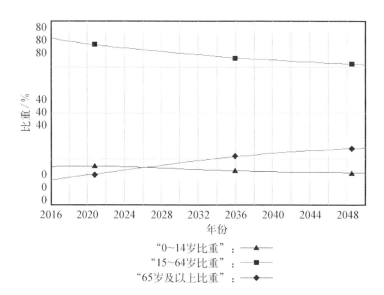

"0～14岁比重"：▲
"15～64岁比重"：■
"65岁及以上比重"：◆

图 6－6　情境一情况下 2016—2050 年人口结构变化趋势

动年龄段人口由 2016 年的 10.03 亿下降至 2050 年的 7.81 亿，15～64 岁人口占总人口的比重由 72.52% 下降至 61.17%；老年人口总数由 2016 年的 1.50 亿上升到 2050 年的 3.16 亿，占总人口比重 24.77%。少儿人口总数由 2016 年的 2.30 亿下降至 2050 的 1.79 亿，比重从 16.64% 下降至 14.06%。

表 6-4　情境一情况下 2016—2050 年总人口预测数量

年　份	总人口/万人	年　份	总人口/万人
2016	138 271.00	2034	140 079.00
2017	139 098.00	2035	139 566.00
2018	139 820.00	2036	139 007.00
2019	140 441.00	2037	138 405.00
2020	140 963.00	2038	137 763.00
2021	141 391.00	2039	137 081.00
2022	141 728.00	2040	136 362.00
2023	141 978.00	2041	135 608.00
2024	142 146.00	2042	134 822.00
2025	142 234.00	2043	134 005.00
2026	142 249.00	2044	133 160.00
2027	142 192.00	2045	132 288.00
2028	142 068.00	2046	131 391.00
2029	141 879.00	2047	130 472.00
2030	141 630.00	2048	129 532.00
2031	141 322.00	2049	128 574.00
2032	140 960.00	2050	127 600.00
2033	140 544.00		

表 6-5　情境一情况下 2016—2050 年不同人口结构变化

年份	0～14 岁/万人	0～14 岁比重/%	15～64 岁/万人	15～64 岁比重/%	65 岁以上/万人	65 岁以上比重/%
2016	23 008.30	16.64	100 274.00	72.52	14 988.60	10.84
2017	23 305.60	16.75	99 851.40	71.79	15 940.60	11.46

年份	0～14 岁/万人	0～14 岁比重/%	15～64 岁/万人	15～64 岁比重/%	65 岁以上/万人	65 岁以上比重/%
2018	23 536.70	16.83	99 495.90	71.16	16 787.50	12.01
2019	23 701.50	16.88	99 162.60	70.61	17 576.90	12.52
2020	23 801.10	16.88	98 822.40	70.11	18 339.90	13.01
2021	23 837.80	16.86	98 457.10	69.63	19 096.10	13.51
2022	23 815.40	16.80	98 056.90	69.19	19 855.50	14.01
2023	23 738.80	16.72	97 617.00	68.76	20 622.10	14.52
2024	23 613.90	16.61	97 136.60	68.34	21 395.00	15.05
2025	23 447.10	16.48	96 617.00	67.93	22 170.30	15.59
2026	23 245.20	16.34	96 060.90	67.53	22 942.60	16.13
2027	23 014.90	16.19	95 471.60	67.14	23 705.40	16.67
2028	22 762.90	16.02	94 852.50	66.77	24 452.30	17.21
2029	22 495.40	15.86	94 207.00	66.40	25 176.90	17.75
2030	22 217.80	15.69	93 538.10	66.04	25 874.00	18.27
2031	21 935.30	15.52	92 848.50	65.70	26 538.60	18.78
2032	21 652.00	15.36	92 140.60	65.37	27 167.10	19.27
2033	21 371.50	15.21	91 416.20	65.04	27 756.70	19.75
2034	21 096.80	15.06	90 677.00	64.73	28 305.10	20.21
2035	20 829.90	14.92	89 924.60	64.43	28 811.30	20.64
2036	20 572.40	14.80	89 160.40	64.14	29 274.40	21.06
2037	20 325.40	14.69	88 385.70	63.86	29 694.30	21.45
2038	20 089.30	14.58	87 602.00	63.59	30 071.30	21.83
2039	19 864.20	14.49	86 810.60	63.33	30 405.90	22.18
2040	19 649.90	14.41	86 013.10	63.08	30 699.00	22.51

年份	0～14 岁/万人	0～14 岁比重/%	15～64 岁/万人	15～64 岁比重/%	65 岁以上/万人	65 岁以上比重/%
2041	19 445.90	14.34	85 211.00	62.84	30 951.60	22.82
2042	19 251.50	14.28	84 405.90	62.61	31 164.80	23.12
2043	19 065.90	14.23	83 599.60	62.39	31 339.80	23.39
2044	18 888.20	14.18	82 793.70	62.18	31 478.00	23.64
2045	18 717.30	14.15	81 989.80	61.98	31 580.60	23.87
2046	18 552.30	14.12	81 189.70	61.79	31 649.00	24.09
2047	18 392.40	14.10	80 394.80	61.62	31 684.80	24.28
2048	18 236.60	14.08	79 606.60	61.46	31 689.20	24.46
2049	18 084.10	14.07	78 826.40	61.31	31 663.90	24.63
2050	17 934.30	14.06	78 055.30	61.17	31 610.50	24.77

由表 6-5 可知,在情境一即总和生育率为 1.4 的情况下:在 2016—2050 年的预测期间内,年龄结构发生了很大变化。劳动年龄的人口比例将由 72.52% 下降至 61.17%,劳动年龄人口所占比重下滑明显,而老年人口的比重由 10.84% 上升至 24.77%,少儿人口的比重从 16.64% 下降至 14.06%。这表明在未来几十年内,我国人口老龄化日益严重,我国养老保险基金负担越来越重。

②　情境二:总和生育率=1.6。在总和生育率为 1.6 情境下,预测 2016—2050 年我国人口规模和结构的变动趋势,结果如图 6-7 所示。

由图 6-7、图 6-8 可知,在情境二即总和生育率为 1.6 的情况下:总人口数量在预测期间,呈先升后降趋势,劳动年龄段人口持续下降,老年人口数量呈上升趋势。

由表 6-6、表 6-7 可知,我国总人口数由 2016 年的 13.83 亿增加到 2029 年的 14.47 亿,然后下降到 2050 年的 13.52 亿(不考虑迁移人口)。劳动年龄段人口由 2016 年的 10.03 亿下降至 2050 年的 8.21 亿,15～64 岁人口占总人口的比重由 72.52% 下降至 60.72%;老年人口总数由 2016 年的 1.5 亿上升到 2050 年的 3.16 亿,占总人口的 23.38%。

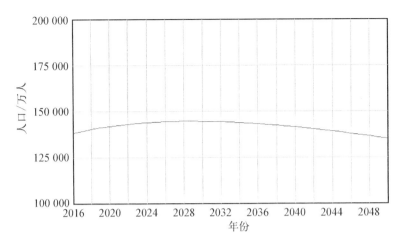

图 6 - 7   情境二情况下 2016—2050 年人口变化趋势

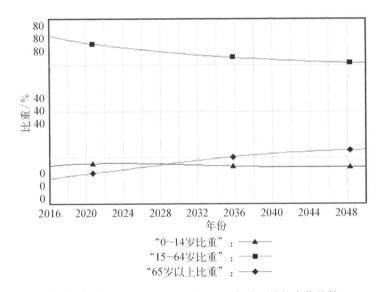

图 6 - 8   情境二情况下 2016—2050 年人口结构变化趋势

表 6 - 6   情境二情况下 2016—2050 年总人口预测数量

年　份	总人口/万人	年　份	总人口/万人
2016	138 271.00	2018	140 314.00
2017	139 348.00	2019	141 171.00

续　表

年　　份	总人口/万人	年　　份	总人口/万人
2020	141 922.00	2036	143 210.00
2021	142 572.00	2037	142 823.00
2022	143 125.00	2038	142 399.00
2023	143 586.0	2039	141 941.00
2024	143 960.00	2040	141 451.00
2025	144 250.00	2041	140 931.00
2026	144 463.00	2042	140 384.00
2027	144 602.00	2043	139 810.00
2028	144 672.00	2044	139 212.00
2029	144 678.00	2045	138 592.00
2030	144 622.00	2046	137 952.00
2031	144 510.00	2047	137 294.00
2032	144 344.00	2048	136 618.00
2033	144 128.00	2049	135 928.00
2034	143 865.00	2050	135 225.00
2035	143 558.0		

表 6-7　情境二情况下 2016—2050 年不同人口结构变化

年份	0~14 岁/万人	0~14 岁比重/%	15~64 岁/万人	15~64 岁比重/%	65 岁以上/万人	65 岁以上比重/%
2016	23 008.30	16.64	100 274.00	72.52	14 988.60	10.84
2017	23 556.40	16.90	99 851.40	71.66	15 940.60	11.44
2018	24 030.70	17.13	99 495.90	70.91	16 787.50	11.96

续　表

年份	0~14岁/万人	0~14岁比重/%	15~64岁/万人	15~64岁比重/%	65岁以上/万人	65岁以上比重/%
2019	24 431.50	17.31	99 162.60	70.24	17 576.90	12.45
2020	24 758.00	17.44	98 824.40	69.63	18 339.90	12.92
2021	25 010.30	17.54	98 465.90	69.06	19 096.10	13.39
2022	25 189.90	17.60	98 079.80	68.53	19 855.50	13.87
2023	25 300.00	17.62	97 664.00	68.02	20 622.10	14.36
2024	25 345.30	17.61	97 219.30	67.53	21 395.00	14.86
2025	25 331.90	17.56	96 748.00	67.07	22 170.30	15.37
2026	25 266.90	17.49	96 253.40	66.63	22 942.60	15.88
2027	25 157.80	17.40	95 739.00	66.21	23 705.40	16.39
2028	25 012.40	17.29	95 207.70	65.81	24 452.30	16.90
2029	24 838.60	17.17	94 662.30	65.43	25 176.90	17.40
2030	24 643.50	17.04	94 105.00	65.07	25 874.00	17.89
2031	24 434.00	16.91	93 537.40	64.73	26 538.60	18.36
2032	24 216.10	16.78	92 960.90	64.40	27 167.10	18.82
2033	23 995.20	16.65	92 376.40	64.09	27 756.70	19.26
2034	23 775.60	16.53	91 784.50	63.80	28 305.20	19.67
2035	23 561.00	16.41	91 186.00	63.52	28 811.30	20.07
2036	23 354.00	16.31	90 581.40	63.25	29 274.40	20.44
2037	23 156.80	16.21	89 971.50	63.00	29 694.30	20.79
2038	22 970.60	16.13	89 357.10	62.75	30 071.30	21.12
2039	22 796.10	16.06	88 739.00	62.52	30 405.90	21.42
2040	22 633.60	16.00	88 118.50	62.30	30 699.00	21.70
2041	22 482.80	15.95	87 496.90	62.08	30 951.70	21.96
2042	22 343.00	15.92	86 875.60	61.88	31 165.00	22.20

续　表

年份	0～14 岁 /万人	0～14 岁 比重/%	15～64 岁 /万人	15～64 岁 比重/%	65 岁以上 /万人	65 岁以上 比重/%
2043	22 213.50	15.89	86 256.30	61.70	31 340.10	22.42
2044	22 093.30	15.87	85 640.40	61.52	31 478.50	22.61
2045	21 981.30	15.86	85 029.60	61.35	31 581.40	22.79
2046	21 876.10	15.86	84 425.70	61.20	31 650.30	22.94
2047	21 776.80	15.86	83 830.00	61.06	31 686.80	23.08
2048	21 682.10	15.87	83 244.10	60.93	31 692.10	23.20
2049	21 591.00	15.88	82 669.20	60.82	31 668.10	23.30
2050	21 502.60	15.90	82 106.30	60.72	31 616.30	23.38

由表 6-7 可知,在情境二即总和生育率为 1.6 的情况下:在 2016—2050 年的预测期间内,年龄结构发生了很大变化。少儿、劳动年龄的人口比例分别由 16.64%、72.52% 下降至 15.90%、60.72%,劳动年龄人口所占比重下滑明显,而老年人口的比重由 10.84% 上升到 23.38%,这表明在未来几十年内,我国人口老龄化日益严重,我国养老保险基金负担越来越重。

③ 情境三:总和生育率=1.8。在该情境下,预测 2016—2050 年人口变化趋势,结果如图 6-9 所示。

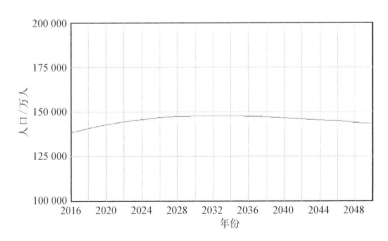

图 6-9　情境三情况下 2016—2050 年人口变化趋势

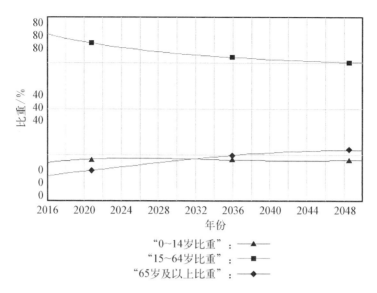

图 6‑10　情境三情况下 2016—2050 年人口结构变化趋势

由图 6‑9、图 6‑10 可知,在情境三即总和生育率为 1.8 的情况下：总人口数量在预测期间呈先上升后下降的趋势。

由表 6‑8、表 6‑9 可知,我国总人口数由 2016 年的 13.83 亿增加到 2032 年 14.77 亿,之后下降至 2050 年的 14.32 亿(不考虑迁移人口)。少儿人口数由 2016 年的 2.30 亿增加到 2050 年的 2.53 亿,少儿人口比重由 2016 年的 16.64%上升到 2050 年的 17.70%;劳动年龄段人口数量由 2016 年的 10.03 亿下降至 2050 年的 8.62 亿,劳动年龄段人口比重由 2016 年的 72.52%下降至 2050 年的 60.22%;老年人口数量由 2016 年的 1.50 亿增加到 2050 年的 3.16 亿,老年人口比重由 2016 年的 10.84%上升到 2050 年的 22.09%。

表 6‑8　情境三情况下 2016—2050 年总人口预测数量

年　份	总人口/万人	年　份	总人口/万人
2016	138 271.00	2019	141 901.00
2017	139 599.00	2020	142 881.00
2018	140 808.00	2021	143 754.00

年　份	总人口/万人	年　份	总人口/万人
2022	144 523.00	2037	147 294.00
2023	145 194.00	2038	147 101.00
2024	145 774.00	2039	146 881.00
2025	146 266.00	2040	146 635.00
2026	146 678.00	2041	146 365.00
2027	147 014.00	2042	146 074.00
2028	147 280.00	2043	145 763.00
2029	147 481.00	2044	145 435.00
2030	147 622.00	2045	145 090.00
2031	147 708.00	2046	144 731.00
2032	147 743.00	2047	144 359.00
2033	147 732.00	2048	143 975.00
2034	147 678.00	2049	143 582.00
2035	147 585.00	2050	143 181.00
2036	147 456.00		

表 6 - 9　情境三情况下 2016—2050 年不同人口结构变化情况

年份	0～14 岁/万人	0～14 岁比重/%	15～64 岁/万人	15～64 岁比重/%	65 岁以上/万人	65 岁以上比重/%
2016	23 008.30	16.64	100 274.00	72.52	14 988.60	10.84
2017	23 807.20	17.05	99 851.40	71.53	15 940.60	11.42
2018	24 524.80	17.42	99 495.90	70.66	16 787.50	11.92
2019	25 161.50	17.73	99 162.60	69.88	17 576.90	12.39

年份	0～14 岁/万人	0～14 岁比重/%	15～64 岁/万人	15～64 岁比重/%	65 岁以上/万人	65 岁以上比重/%
2020	25 714.90	18.00	98 826.40	69.17	18 339.90	12.84
2021	26 182.80	18.21	98 474.60	68.50	19 096.10	13.28
2022	26 564.40	18.38	98 102.80	67.88	19 855.50	13.74
2023	26 861.20	18.50	97 711.10	67.30	20 622.10	14.20
2024	27 076.90	18.57	97 301.90	66.75	21 394.90	14.68
2025	27 217.20	18.61	96 879.00	66.23	22 170.30	15.16
2026	27 289.50	18.61	96 446.00	65.75	22 942.60	15.64
2027	27 302.30	18.57	96 006.40	65.30	23 705.40	16.12
2028	27 264.90	18.51	95 562.90	64.89	24 452.30	16.60
2029	27 186.50	18.43	95 117.70	64.49	25 176.90	17.07
2030	27 076.30	18.34	94 671.90	64.13	25 874.00	17.53
2031	26 943.10	18.24	94 226.40	63.79	26 538.60	17.97
2032	26 794.80	18.14	93 781.50	63.48	27 167.10	18.39
2033	26 638.50	18.03	93 337.00	63.18	27 756.70	18.79
2034	26 480.30	17.93	92 892.70	62.90	28 305.20	19.17
2035	26 325.20	17.84	92 448.50	62.64	28 811.30	19.52
2036	26 177.30	17.75	92 004.20	62.39	29 274.40	19.85
2037	26 039.60	17.68	91 559.80	62.16	29 694.30	20.16
2038	25 914.20	17.62	91 115.70	61.94	30 071.30	20.44
2039	25 802.40	17.57	90 672.40	61.73	30 405.90	20.70
2040	25 704.70	17.53	90 230.80	61.53	30 699.10	20.94
2041	25 621.30	17.51	89 792.10	61.35	30 951.80	21.15
2042	25 551.40	17.49	89 357.50	61.17	31 165.20	21.34

年份	0～14 岁/万人	0～14 岁比重/%	15～64 岁/万人	15～64 岁比重/%	65 岁以上/万人	65 岁以上比重/%
2043	25 494.30	17.49	88 928.60	61.01	31 340.50	21.50
2044	25 448.70	17.50	88 507.10	60.86	31 479.00	21.64
2045	25 413.30	17.52	88 094.50	60.72	31 582.30	21.77
2046	25 386.60	17.54	87 692.60	60.59	31 651.60	21.87
2047	25 367.00	17.57	87 303.00	60.48	31 688.70	21.95
2048	25 353.20	17.61	86 927.20	60.38	31 695.00	22.01
2049	25 343.70	17.65	86 566.50	60.29	31 672.20	22.06
2050	25 337.20	17.70	86 222.00	60.22	31 622.20	22.09

由表 6-9 可知,在情境三即总和生育率为 1.8 的情况下:在 2016—2050年的预测期间内,年龄结构发生了一些变化。少儿人口比例由 16.64% 上升至17.70%,老年人口比重由 10.84% 上升至 22.09%,而劳动年龄人口则由72.52% 下降至 60.22%。这表明在未来几十年内,我国人口老龄化日益严重,我国养老保险基金负担越来越重。

进一步,笔者将对不同情境下(情境一,总和生育率为 1.4;情境二,总和生育率为 1.6;情境三,总和生育率为 1.8)的人口仿真结果,进行比较分析。

各种情境下,人口仿真分析结果如下。

第一,不同情境下,总人口数的变化如图 6-11 所示,即在预测期间内总人口数呈现先缓慢上升后下降的趋势。由此可以看出,总人口数会出现先上升后下降趋势,并且妇女生育意愿越强烈,人口峰值越高。

第二,不同情境下少儿人口(0～14 岁)比重变化如图 6-12 所示,均出现先上升后缓慢下降后趋于平稳的趋势,并且情境三情况下少儿人口比重最高,情境二高于情境一。由此可以看出,妇女生育意愿越强烈,少儿人口比重越高。

第三,不同情境下,劳动年龄人口(15～64 岁)比重变化如图 6-13 所示,均出现缓慢下降的趋势,并且情境一情况下劳动年龄人口比重最高,情境二高于情境三。

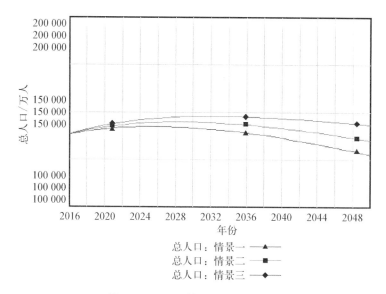

图 6-11　不同情境下总人口变化

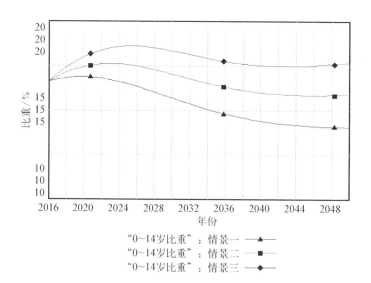

图 6-12　不同情境下 0~14 岁群体所占比重变化

第四,不同情境下,老年人口(65 岁以上)比重变化如图 6-14 所示,均出现缓慢上升的趋势,且人口数量在不同情境下上升趋势基本相同。出现这种情况的原因是,即使放开生育政策,该政策下出生的第二孩,在 2050 年之前仍处于少儿到中年阶段,尚未到达老年阶段。

各年龄段人口结构变化如表 6-10 所示。

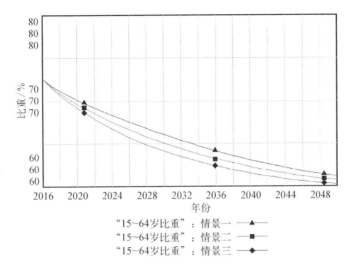

图 6－13　不同情境下 15～64 岁群体所占比重变化

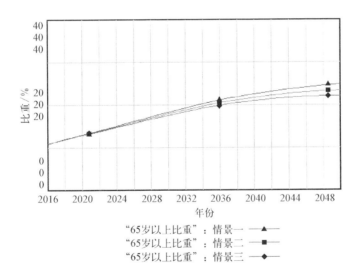

图 6－14　不同情境下 65 岁及以上群体所占比重变化

表 6－10　不同情境下人口结构预测

年份	0～14 岁比重/%			15～64 岁比重/%			65 岁以上比重/%		
	情境一	情境二	情境三	情境一	情境二	情境三	情境一	情境二	情境三
2016	16.64	16.64	16.64	72.52	72.52	72.52	10.84	10.84	10.84
2017	16.75	16.90	17.05	71.79	71.66	71.53	11.46	11.44	11.42

年份	0～14岁比重/%			15～64岁比重/%			65岁以上比重/%		
	情境一	情境二	情境三	情境一	情境二	情境三	情境一	情境二	情境三
2018	16.83	17.13	17.42	71.16	70.91	70.66	12.01	11.96	11.92
2019	16.88	17.31	17.73	70.61	70.24	69.88	12.52	12.45	12.39
2020	16.88	17.44	18.00	70.11	69.63	69.17	13.01	12.92	12.84
2021	16.86	17.54	18.21	69.63	69.06	68.50	13.51	13.39	13.28
2022	16.80	17.60	18.38	69.19	68.53	67.88	14.01	13.87	13.74
2023	16.72	17.62	18.50	68.76	68.02	67.30	14.52	14.36	14.20
2024	16.61	17.61	18.57	68.34	67.53	66.75	15.05	14.86	14.68
2025	16.48	17.56	18.61	67.93	67.07	66.23	15.59	15.37	15.16
2026	16.34	17.49	18.61	67.53	66.63	65.75	16.13	15.88	15.64
2027	16.19	17.40	18.57	67.14	66.21	65.30	16.67	16.39	16.12
2028	16.02	17.29	18.51	66.77	65.81	64.89	17.21	16.90	16.60
2029	15.86	17.17	18.43	66.40	65.43	64.49	17.75	17.40	17.07
2030	15.69	17.04	18.34	66.04	65.07	64.13	18.27	17.89	17.53
2031	15.52	16.91	18.24	65.70	64.73	63.79	18.78	18.36	17.97
2032	15.36	16.78	18.14	65.37	64.40	63.48	19.27	18.82	18.39
2033	15.21	16.65	18.03	65.04	64.09	63.18	19.75	19.26	18.79
2034	15.06	16.53	17.93	64.73	63.80	62.90	20.21	19.67	19.17
2035	14.92	16.41	17.84	64.43	63.52	62.64	20.64	20.07	19.52
2036	14.80	16.31	17.75	64.14	63.25	62.39	21.06	20.44	19.85
2037	14.69	16.21	17.68	63.86	63.00	62.16	21.45	20.79	20.16
2038	14.58	16.13	17.62	63.59	62.75	61.94	21.83	21.12	20.44
2039	14.49	16.06	17.57	63.33	62.52	61.73	22.18	21.42	20.70

续　表

年份	0～14 岁比重/%			15～64 岁比重/%			65 岁以上比重/%		
	情境一	情境二	情境三	情境一	情境二	情境三	情境一	情境二	情境三
2040	14.41	16.00	17.53	63.08	62.30	61.53	22.51	21.70	20.94
2041	14.34	15.95	17.51	62.84	62.08	61.35	22.82	21.96	21.15
2042	14.28	15.92	17.49	62.61	61.88	61.17	23.12	22.20	21.34
2043	14.23	15.89	17.49	62.39	61.70	61.01	23.39	22.42	21.50
2044	14.18	15.87	17.50	62.18	61.52	60.86	23.64	22.61	21.64
2045	14.15	15.86	17.52	61.98	61.35	60.72	23.87	22.79	21.77
2046	14.12	15.86	17.54	61.79	61.20	60.59	24.09	22.94	21.87
2047	14.10	15.86	17.57	61.62	61.06	60.48	24.28	23.08	21.95
2048	14.08	15.87	17.61	61.46	60.93	60.38	24.46	23.20	22.01
2049	14.07	15.88	17.65	61.31	60.82	60.29	24.63	23.30	22.06
2050	14.06	15.90	17.70	61.17	60.72	60.22	24.77	23.38	22.09

由表 6-10 可知,到 2050 年,总和生育率为 1.4 的情况下,少儿、劳动年龄人口、老年人口的比重分别为 14.06%、61.17%、24.77%;总和生育率为 1.6 的情况下,少儿、劳动年龄人口、老年人口的比重分别为 15.90%、60.72%、23.38%;总和生育率为 1.8 的情况下,少儿、劳动年龄人口、老年人口的比重分别为 17.70%、60.22%、22.09%。按照联合国对老龄化社会的定义标准,一个地区 65 岁以上的老年人口占总人口比重达到或超过 7% 时,该地区视为进入老龄化社会。

6.1.2　我国养老保险基金收支缺口预测研究

从我国特殊国情出发,根据前文分析,我国总和生育率维持在 1.6 水平是比较符合目前我国人口变化趋势的(蔡昉,2015)。本章在预测养老保险基金收支缺口时,采用总和生育率为 1.6 作为我国人口的生育水平。

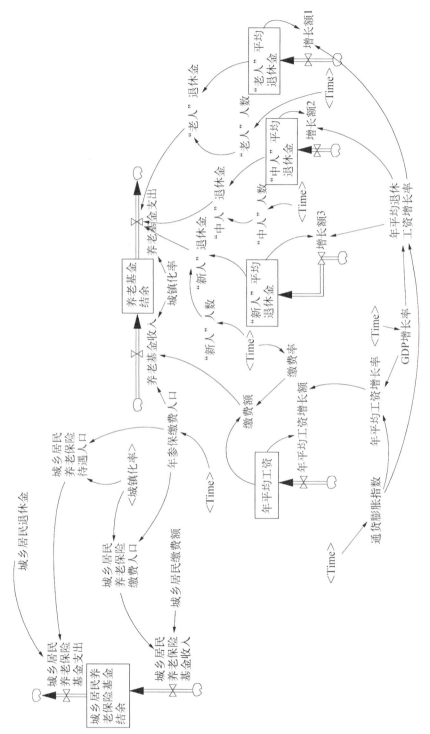

图 6 - 15　养老保险系统动力学模型

6.1.2.1　构建养老保险系统动力学模型

通过系统动力学模型模拟仿真我国养老保险基金收入和支出的运行机制，结合人口规模和结构预测，分析我国基本养老保险基金收支缺口的变化趋势，保证我国养老保险制度的稳定和可持续性，从而为国有资本划转的方案提供支撑。

（1）模型的边界和时限确定。该模型基于我国基本养老保险基金的运行机制，由养老保险基金收入、养老保险基金管理、养老保险基金支出三部分构成，模型具体框架如图 6-15 所示。

（2）确定系统模型变量。根据设定的模型子系统情况设计的模型变量如表 6-11 所示。综合考虑基金收入、基金支出的影响因素，在此基础上构建养老保险基金运行系统模型。

表 6-11　养老保险系统动力学变量

子　系　统	变　　　量	子　系　统	变　　　量
养老保险基金收入子系统	在职职工人数 参保人数 缴费率 参保年龄 缴费年限 社会平均工资水平 经济增长指数	速率变量	年均新增参保人口数 年均工资增长额 年均退休金增长额 新增参保人口数 死亡人口数 基金收入 基金支出
养老保险基金管理子系统	年统筹收入 经济增长指数 基金缺口 年平均工资 年参保缴费人口	辅助变量	GDP（国内生产总值）增长指数 CPI（居民消费价格指数）增长指数 年均参保人口增长率 缴费率 年均工资增长率等
状态变量	新人人数 中人人数 老人人数 新人年均退休金 中人年均退休金 老人年均退休金 基金缺口	养老保险基金支出子系统	指数化平均工资 上年度平均工资 基础养老金 过渡性养老金 领取年数 领取人数

6.1.2.2 系统主要变量参数设定及关系分析

（1）城镇职工养老保险子系统变量。

① 参保人口。参保人口指参加城镇职工养老保险，且每年缴费的人口数。根据年参保人口，估测出年基金收入。通过前文总人口预测和人口结构预测，得出我国 2016—2050 年参保人数。

② 退休年龄。根据相关规定，目前，我国的退休年龄一般为男性 60 岁、女工人 50 岁、女干部 55 岁。随着人口平均预期寿命的提高和经济社会的发展，现行的退休年龄已不合时宜。国家已提出研究制定渐进式延迟退休年龄政策，延迟退休年龄方案将在近年推出。为了研究的准确性和科学性，这里考虑延迟退休年龄的情形。

人力资源和社会保障部负责人表示，我国未来的延迟退休将采取渐进式延迟退休年龄方案。[①] 参考中国社会科学院 2015 年发布的《人口与劳动绿皮书：中国人口与劳动问题报告 No.16》[②]，设计延迟退休方案，如表 6‑12、表6‑13 所示。当时的设计是：从 2022 年开始，女性退休年龄每 3 年延迟 1 岁，男性退休年龄每 4 年延迟 1 岁，直至男性、女性均达到 65 岁退休年龄。

表 6‑12　男性延迟退休方案设计

出生年份	男性职工退休对照表		实际退休年龄/岁	退休年份
	2022 年年龄/岁	延迟退休/年		
1962	60	1	61	2023
1963	59	1	61	2024
1964	58	1	61	2025
1965	57	1	61	2027
1966	56	2	62	2028

---

① 人民网. 延迟退休明确时间表：2017 年推出，最早 2022 年实施（2015‑03‑10）[2016‑12‑30]. http://theory. people. cn/n/2015/0310/c40531‑26668661. html.

② 蔡昉，张车伟. 人口与劳动绿皮书：中国人口与劳动问题报告 No.16 [M]. 北京：社会科学文献出版社，2015：10‑50.

续　表

出生年份	男性职工退休对照表		实际退休年龄/岁	退休年份
	2022 年年龄/岁	延迟退休/年		
1967	55	2	62	2029
1968	54	2	62	2030
1969	53	2	62	2031
1970	52	3	63	2033
1971	51	3	63	2034
1972	50	3	63	2035
1973	49	3	63	2036
1974	48	4	64	2038
1975	47	4	64	2039
1976	46	4	64	2040
1977	45	4	64	2041
1978	44	5	65	2043
1979	43	5	65	2044
1980	42	5	65	2045
1981	41	5	65	2046

表 6-13　女性延迟退休方案设计

出生年份	女性职工退休对照表		实际退休年龄/岁	退休年份
	2022 年年龄/岁	延迟退休/年		
1967	55	1	56	2023
1968	54	1	56	2024
1969	53	1	56	2025

续　表

出生年份	女性职工退休对照表		实际退休年龄/岁	退休年份
	2022年年龄/岁	延迟退休/年		
1970	52	2	57	2027
1971	51	2	57	2028
1972	50	2	57	2029
1973	49	3	58	2031
1974	48	3	58	2032
1975	47	3	58	2033
1976	46	4	59	2035
1977	45	4	59	2036
1978	44	4	59	2037
1979	43	5	60	2039
1980	42	5	60	2040
1981	41	5	60	2041
1982	40	6	61	2043
1983	39	6	61	2044
1984	38	6	61	2045
1985	37	7	62	2047
1986	36	7	62	2048
1987	35	7	62	2049
1988	34	8	63	2051
1989	33	8	63	2052
1990	32	8	63	2053
1991	31	9	64	2055

续　表

出生年份	女性职工退休对照表		实际退休年龄/岁	退休年份
	2022 年年龄/岁	延迟退休/年		
1992	30	9	64	2056
1993	29	9	64	2057
1994	28	10	65	2059
1995	27	10	65	2060
1996	26	10	65	2061

③"老人""中人""新人"的数量。按照"老人"老办法、"新人"新办法、"中人"采取过渡办法,将城镇职工划分为"老人""中人""新人",其养老金计发标准各有区别,即"老人"领取基本养老金,"中人"领取基础养老金、过渡性养老金和个人账户养老金,"新人"领取基础养老金和个人账户养老金。这里假设城镇职工最初就业年龄为 16 岁。按照上述计算方法结合生命周期表和前文总人口预测,计算得出我国"新人""中人""老人"的数量,详见表 6‑14。

表 6‑14　我国"新人""中人""老人"的数量　　　　单位:万人

年份	女性"老人"	女性"中人"	女性"新人"	女性参保人口	男性"老人"	男性"中人"	男性"新人"	男性参保人口
2016	11 874.72	12 748.58	0.00	35 756.88	4 312.67	10 494.76	0.00	47 689.66
2020	10 005.45	18 782.52	0.00	33 144.85	3 209.72	15 066.86	0.00	45 679.55
2025	7 763.44	23 527.11	0.00	31 312.59	2 048.87	18 812.02	0.00	43 943.66
2030	6 001.28	27 389.33	0.00	29 872.02	1 109.06	21 428.36	0.00	42 440.40
2035	3 956.99	30 422.64	3 627.20	28 612.98	489.20	22 998.47	0.00	41 067.35
2040	2 230.83	32 387.78	8 209.55	27 536.35	161.22	23 667.22	0.00	39 800.31
2045	1 010.79	33 181.24	12 407.91	26 662.79	0.00	23 656.31	4 668.74	38 674.78
2050	318.80	33 171.21	16 373.06	26 088.37	0.00	23 243.50	8 910.71	37 882.66

④ GDP 和 CPI。GDP 作为重要的宏观变量在刻画经济增长时发挥着不可替代的作用。近年来，国内学者（刘汉、刘金全等，2011；郑挺国、尚玉皇，2013）开始采用混频数据模型，对我国宏观经济总量进行预测。在前人研究的基础上，笔者假设 2017—2030 年 GDP 平均增长率为 6%，2030—2050 年 GDP 平均增长率为 5%。假设 CPI 平均增幅在 2017—2050 年保持在 2%水平。

表 6‑15　GDP 及其增长率、CPI 平均增幅

年　份	GDP/万元	GDP 增长率/%	CPI 平均增幅/%
2010	401 512.80	10.60	3.30
2011	473 104.05	9.50	5.40
2012	519 470.10	7.90	2.60
2013	568 845.21	7.80	2.60
2014	636 138.70	7.30	2.00
2015	685 505.80	6.90	1.40
2016	744 127.00	6.70	2.10

⑤ 缴费率。缴费率指参保人缴纳的养老保险费占工资总额的比例。综合考虑各种因素，在本模型中将 2017—2050 年缴费率假定为 26%。

表 6‑16　企业缴纳基本养老保险费比例　　　　　　单位：%

年　份	养老保险缴费率	企　业	个　人
1996	20.00	18.00	2.00
1997	21.50	18.00	3.50
1998	22.00	18.00	4.00
1999	23.00	18.00	5.00
2000	23.00	18.00	5.00
2001	24.00	18.00	6.00

年　份	养老保险缴费率	企　业	个　人
2002	24.00	18.00	6.00
2003	25.00	18.00	7.00
2004	25.00	18.00	7.00
2005	26.00	18.00	8.00
2006	26.00	18.00	8.00
2007	26.00	18.00	8.00
2008	26.00	18.00	8.00
2009	26.00	18.00	8.00
2010	26.00	18.00	8.00
2011	26.00	18.00	8.00
2012	26.00	18.00	8.00
2013	26.00	18.00	8.00
2014	26.00	18.00	8.00
2015	26.00	18.00	8.00
2016	26.00	18.00	8.00

⑥ 年平均工资增长率。年平均工资增长率是指当年比去年工资增长的比率。工资增长率的影响因素主要包括一国或地区当年的经济增长、通货膨胀等。本模型采用 GDP 增长率和 CPI 增长率作为主要指标。我国 1996—2016 年的年平均工资增长情况如表 6-17 所示。

表 6-17　1996—2016 年我国年平均工资变化情况

年　份	社会平均工资/元	年　份	社会平均工资/元
1996	6 210	1998	7 479
1997	6 470	1999	8 346

续　表

年　份	社会平均工资/元	年　份	社会平均工资/元
2000	9 371	2009	32 244
2001	10 870	2010	36 539
2002	12 422	2011	41 799
2003	14 040	2012	47 593
2004	16 024	2013	45 676
2005	18 364	2014	49 969
2006	21 001	2015	57 346
2007	24 932	2016	63 241
2008	29 229		

　　通常认为,社会平均工资的增长率应为社会劳动生产率的增长率与通货膨胀率之和(戴根有,1991)。而何国安(2013)指出,企业是重要的市场主体,企业的平均工资增长率通常会与社会平均工资增长率有一定的偏差。陈希、刁节文(2017)基于 2000—2016 年上海市职工平均工资、人均 GDP 的数据以及 2006—2016 年的上海市各行业职工平均工资的数据,采用协整分析及误差修正模型、格兰杰因果检验等得到平均工资和人均 GDP 之间有着正相关的关系,整体上存在长期稳定的协整关系,两者的动态调整机制可自动实现长期均衡。

　　陈黎明、宫惠晗等(2010)利用 1978—2007 年时间序列数据,对我国职工平均工资和 CPI 建立模型,研究 CPI 变动对工资水平变动的解释程度,同时分析 GDP 对工资水平的影响。实证结果表明,我国职工工资水平增长与 CPI、GDP 之间有很强的相关关系。我国年平均工资增长率呈现不断增长的态势,且与 GDP 和 CPI 的增长率紧密相关,如表 6 - 18 所示。邱雅(2013)也得出了类似的结论。基于前人的研究,这里假定年平均工资增长率与 GDP 和 CPI 的增长率呈线性相关。

表 6-18　年平均工资增长率　　　　　　　单位：%

年　份	平均工资增长率	GDP 增长率	CPI 平均增幅
2000	12.28	8.40	0.70
2001	16.00	8.30	-0.80
2002	14.28	9.10	1.20
2003	13.03	10.00	3.90
2004	14.13	10.10	1.80
2005	14.60	11.30	1.50
2006	14.36	12.70	4.80
2007	18.72	14.20	5.90
2008	17.23	9.60	-0.70
2009	10.32	9.10	3.30
2010	13.32	10.40	2.20
2011	14.40	9.50	5.40
2012	13.86	7.90	2.60
2013	-4.03	7.80	2.60
2014	9.40	7.30	2.00
2015	14.76	6.90	1.40
2016	10.28	6.70	2.10
均值	12.76	9.37	2.35

由表 6-18 预测：2017—2050 年，年平均工资增长率＝GDP 增长率＋CPI 增长率；模型中，年平均工资的初始值为 2016 年，人均年工资为 63 241 元。

⑦ 年平均养老金及其增长率。按照 1997 年《国务院关于建立统一的企业职工基本养老保险制度的决定》、2015 年《国务院关于完善企业职工基本养老保险制度的决定》和我国城镇职工养老保险制度改革的实际情况，在延迟退休年龄的情况下，具体的计发比例如表 6-19 所示。

表 6－19　模型中各年"中人"和"新人"基础养老金的计发比例(延迟退休年龄)

单位：%

类别	2017—2018	2019—2020	2021—2022	2023—2024	2025—2026	2027—2028	2029—2030	2031—2032	2033—2034	2035—
男性	39	40	41	42	43	43	43	43	43	43
女性	34	35	36	37	38	39	40	41	42	43

注：t 年基础养老金的计发比例＝(退休年龄－22)×1%。

由表 6－20 可知，2001—2005 年养老金变动趋势非常不稳定，但是2006—2010 年，平均养老金增长率基本维持在两位数，增长趋势比较稳定，且稍高于年平均工资增长率。

$$年平均养老金增长率＝GDP 增长率＋CPI 增长率$$

表 6－20　年平均养老金增长率

年份	退休领取养老金人口/亿人	养老金替代率(企业单位)	养老金替代率(机关单位)	养老金替代率(事业单位)	养老保险基金支出/亿元	平均养老保险金/元	平均养老保险金增长率/%
2001	3.78	0.64	0.93	0.93	2 321.30	614.90	10
2002	3.81	0.63	0.92	0.93	2 842.90	746.21	21
2003	3.82	0.57	0.86	0.90	3 122.10	816.79	9
2004	3.78	0.51	0.82	0.84	3 502.10	926.09	13
2005	3.86	0.48	0.72	0.77	4 040.30	1 046.63	13
2006	3.63	0.49	0.70	0.73	4 896.70	1 347.77	29
2007	3.63	0.47	0.71	0.73	5 964.90	1 644.72	22
2008	3.61	0.47	0.65	0.67	7 389.60	2 045.85	24
2009	3.61	0.47	0.63	0.64	8 994.40	2 490.42	22
2010	3.42	0.46	0.61	0.60	10 755.30	3 148.32	26

⑧ 迁移参数。我国目前国际迁移量非常小,与我国接近 14 亿的总人口量相比微乎其微,基本可以忽略不计,因此在 2017—2050 年的预测期间内,不考虑迁移人口。

(2) 城乡居民养老保险子系统变量。

城乡居民社会养老保险待遇＝基础养老金＋个人账户养老金

月养老金＝基础养老金＋个人账户总额÷计算系数

个人账户总额＝个人缴费＋政府补贴＋集体补助

＋社会和个人资助＋利息

基础养老金的标准为 55 元。以缴费 15 年,平均利息 3.5％为例,参照城镇职工养老保险系数 139 个月,计算方法如下:

城乡居民养老保险金＝基础养老金＋个人账户养老金[(个人缴费

＋政府补贴＋利息)÷139]

这里,选择城乡居民保险缴费额度为每年 100 元,领取标准为每年 883.2 元。

6.1.2.3　系统运行预测结果

(1) 城镇职工养老保险基金的收入、支出运行结果。根据前文的预测结果,运用系统动力学模型,测算基金的收入、支出和缺口的变动,结果如表 6 - 21、图 6 - 16 所示。在预测期间内,我国城镇职工养老保险基金的收入、支出呈现持续增长的态势。2016—2038 年,基金的结余逐年减小,2039 年基金收不抵支,出现缺口。基金支出的动态变化,源于老龄化高峰期退休年龄人口的持续增加和养老金的连年增长带动了基金支出的持续增长。

表 6 - 21　城镇职工基本养老基金收入、支出、结余运行结果　单位: 万亿元

年　份	城镇职工养老保险基金支出	城镇职工养老保险基金收入	城镇职工养老保险基金结余
2016	5.30	5.63	0.15
2017	5.75	6.03	0.48

续　表

年　份	城镇职工养老保险基金支出	城镇职工养老保险基金收入	城镇职工养老保险基金结余
2018	6.24	6.45	0.76
2019	6.73	6.87	0.97
2020	7.23	7.28	1.11
2021	7.66	7.72	1.15
2022	8.11	8.16	1.20
2023	8.56	8.62	1.26
2024	9.02	9.09	1.32
2025	9.48	9.56	1.40
2026	10.02	10.06	1.48
2027	10.57	10.56	1.52
2028	11.13	11.06	1.50
2029	11.69	11.56	1.44
2030	12.26	12.07	1.31
2031	12.75	12.58	1.11
2032	13.25	13.10	0.94
2033	13.77	13.64	0.79
2034	14.30	14.20	0.66
2035	14.83	14.77	0.56
2036	15.53	15.37	0.50
2037	16.24	15.98	0.34
2038	16.99	16.61	0.07
2039	17.76	17.25	−0.31

续　表

年　份	城镇职工养老保险 基金支出	城镇职工养老保险 基金收入	城镇职工养老保险 基金结余
2040	18.55	17.91	−0.81
2041	19.63	18.61	−1.45
2042	20.76	19.32	−2.47
2043	21.94	20.05	−3.91
2044	23.17	20.79	−5.80
2045	24.46	21.56	−8.18
2046	25.18	22.38	−11.09
2047	26.78	23.22	−13.90
2048	28.44	24.08	−17.45
2049	30.19	24.96	−21.81
2050	32.01	25.86	−27.03

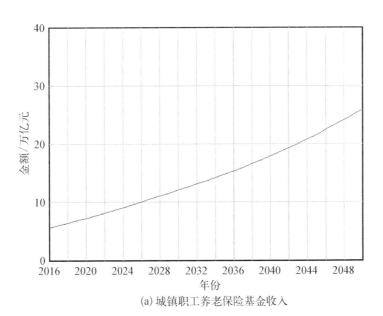

(a) 城镇职工养老保险基金收入

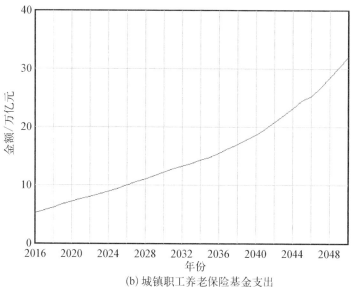

(b) 城镇职工养老保险基金支出

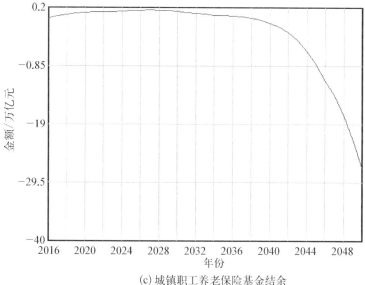

(c) 城镇职工养老保险基金结余

图 6-16　城镇职工养老基金收入、支出、结余运行结果

（2）城乡居民养老保险基金的收入、支出运行结果。以前文对城乡居民养老保险的缴费额度和领取标准的设定,运用系统动力学模型,测算出城乡居保基金的收入、支出、缺口,结果如表 6-22、图 6-17 所示。

表 6-22　城乡居民养老保险基金支出、基金收入、基金结余　　单位：亿元

年　份	城乡居民养老保险基金支出	城乡居民养老保险基金收入	城乡居民养老保险基金结余
2016	1 264.58	488.22	4 592.30
2017	1 247.07	481.46	3 815.94
2018	1 229.56	474.70	3 050.33
2019	1 212.05	467.94	2 295.47
2020	1 194.54	461.18	1 551.36
2021	1 183.72	457.00	818.01
2022	1 172.91	452.83	91.29
2023	1 162.09	448.65	−628.79
2024	1 151.28	444.48	−1 342.23
2025	1 140.46	440.30	−2 049.03
2026	1 131.54	436.86	−2 749.19
2027	1 122.62	433.41	−3 443.88
2028	1 113.70	429.97	−4 133.08
2029	1 104.77	426.52	−4 816.81
2030	1 095.85	423.08	−5 495.06
2031	1 087.87	420.00	−6 167.83
2032	1 079.90	416.92	−6 835.70
2033	1 071.92	413.84	−7 498.68
2034	1 063.94	410.76	−8 156.76
2035	1 055.96	407.68	−8 809.94
2036	1 048.86	404.94	−9 458.23
2037	1 041.76	402.19	−10 102.10
2038	1 034.65	399.45	−10 741.70

年　份	城乡居民养老保险基金支出	城乡居民养老保险基金收入	城乡居民养老保险基金结余
2039	1 027.55	396.71	−11 376.90
2040	1 020.45	393.97	−12 007.80
2041	1 014.39	391.63	−12 634.20
2042	1 008.33	389.29	−13 257.00
2043	1 002.27	386.95	−13 876.00
2044	996.21	384.61	−14 491.40
2045	990.15	382.27	−15 103.00
2046	986.01	380.67	−15 710.80
2047	981.87	379.07	−16 316.20
2048	977.73	377.47	−16 919.00
2049	973.58	375.87	−17 519.20
2050	969.44	374.28	−18 116.90

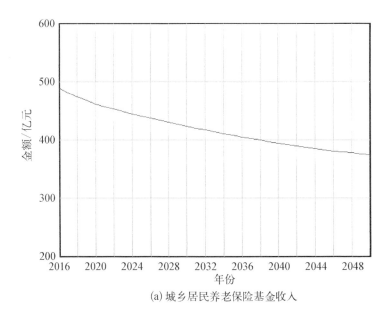

(a) 城乡居民养老保险基金收入

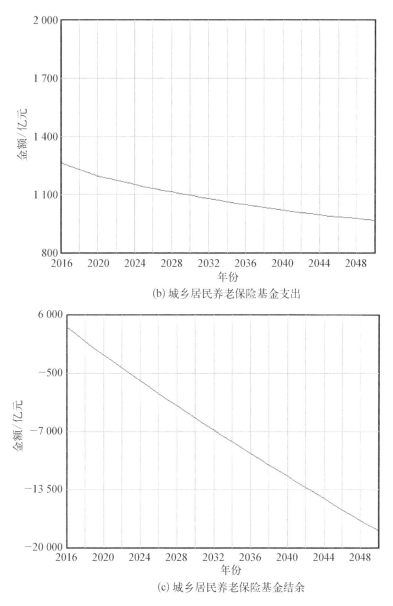

(b) 城乡居民养老保险基金支出

(c) 城乡居民养老保险基金结余

图 6-17　城乡居民养老保险基金支出、基金收入、基金结余

　　根据图 6-17 可知,城乡居民养老保险基金收入、支出均呈现缓慢下降趋势;城乡居民养老保险基金由结余转为缺口。基金收入由 2016 年的 488.22 亿元下降至 2050 年的 374.28 亿元;基金支出由 2016 年的 1 264.58 亿元下降至 2050 年的 969.44 亿元;基金结余在 2016 年为 4 592.30 亿元,基金结余逐渐下降,到 2023 年出现负值,2023 年基金缺口为 628.79 亿元,到 2050 年基金缺口为 18 116.90 亿元。

本章预测了我国人口的变化趋势。到 2050 年,总和生育率为 1.4 的情况下,少儿、劳动年龄人口、老年人口的比重分别为 14.06％、61.17％、24.77％；总和生育率为 1.6 的情况下,少儿、劳动年龄人口、老年人口的比重分别为 15.90％、60.72％、23.38％；总和生育率为 1.8 的情况下,少儿、劳动年龄人口、老年人口的比重分别为 17.70％、60.22％、22.09％。

另外,在情境一即总和生育率为 1.4 的水平下,我国总人口数由 2016 年的 13.83 亿增加到 2026 年的 14.22 亿,然后下降至 2050 年的 12.76 亿。在情境二即总和生育率为 1.6 的水平下,我国总人口数由 2016 年的 13.83 亿增加到 2029 年的 14.47 亿,然后下降至 2050 年的 13.52 亿。在情境三即总和生育率为 1.8 的水平下,我国总人口数由 2016 年的 13.83 亿增加到 2032 年 14.77 亿,之后下降至 2050 年的 14.32 亿；人口结构在总和生育率为 1.4 的低生育水平下,老化较为迅速,到 2050 年,65 岁以上的老年人占到 24.77％,进入深度老龄化社会。

本章在对我国人口预测基础上,参考中国社会科学院"人口与劳动绿皮书"提出的渐进式延迟退休方案,预测了我国城镇职工养老保险基金和城乡居民养老保险基金的收入和支出。在模型预测期间内,城镇职工养老保险基金的收入和支出不断增长,且城镇职工养老保险基金结余在 2039 年开始收不抵支,出现缺口；而城乡居民养老保险基金收入、支出均呈现缓慢下降趋势,基金结余逐渐下降,到 2023 年出现负值。

由养老保险基金缺口预测的结果可知,随着人口老龄化的加速,整体来看,养老保险基金将在老龄化高峰期 2030 年左右产生缺口,划转充实社会保障基金必须提前展开。

6.2　全国国有资本充实社会保障基金方案仿真模拟

统计数据显示,2000—2010 年,我国国有企业的利润总额由 2 408.33 亿元增长到 14 737.65 亿元,累计增长 511.9%,年平均增长率达 19.9%,在经济增长新常态下,国有企业利润增长率下落,2014 年国有企业利润增长率为 4% 左右(魏峰、荣兆梓,2012)。国有企业总资产也呈现较快的增长,从 1998 年的 74 916.27 亿元增长到 2016 年的 417 704.06 亿元。1998—2016 年,全国国有资本增长率维持在 9% 左右,因此这里假设国有资本总额的年平均增长率为 9%。

6.2.1　全国国有资本充实社会保障基金模型构建

6.2.1.1　模型的边界和时限确定

这里基于国有资本的运行机制和划转的运行机制构建模型框架,主要包括两个部分:国有企业运行系统和国有资本划转系统。具体运行情况如图 6-18 所示。

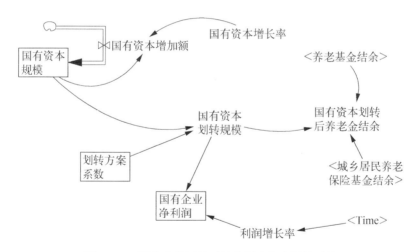

图 6-18　国有企业运行系统和国有资本划转系统

系统中变量间的主要关系式为

本年度国有企业净利润＝上一年度国有企业净利润×利润增长率
－国有资本划转规模

国有资本划转规模＝国有资本规模×划转方案系数

国有资本增加额＝国有资本规模×国有资本增长率

国有资本规模＝上一年国有资本规模＋国有资本增加额

6.2.1.2　确定系统模型变量

按照前文设定的模型子系统，对模型设计的变量进行分析。国有资本划转系统的主要变量包括：国有资本增长率、国有资本规模、划转方案系数、养老保险基金结余等。

（1）国有资本规模。全国的国有资本总额从 1998 年的 74 916.27 亿元，增长到 2016 年的 417 704.16 亿元。1998—2016 年全国国有资本保持高速增长，增长率维持在 9% 左右。图 6-19 显示了 1998—2016 年我国全部国有资本变动情况。2016 年年末，全国国有资本总额超过 40 万亿元。这里选择 2016 年国有资本 417 704.16 亿元为初始值。设置国有资本增长率为 9%。

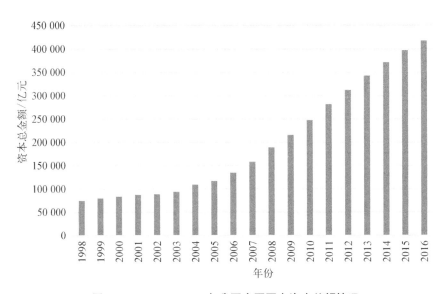

图 6-19　1998—2016 年我国全国国有资本总额情况

（2）国有企业净利润。表 6-23 显示，2016 年全国国有企业利润总额达到 12 324.14 亿元，将它设定为系统模型中的国有企业利润的初始值。

表 6-24 显示了 1999—2015 年国有企业利润增长率。2005—2015 年，国有企业平均净利润增长率为 9%。据此，模型中设定国有企业利润增长率 2016—2020 年为 9%，但是随着我国经济发展进入"新常态"，增速放缓，国有企业利润不可能无限增长，因此设定国有企业利润增长率 2020—2030 年为 7%、2030—2050 年为 6%。

表 6–23　1998—2016 年全国国有企业利润总额　　　　单位：亿元

年　份	利润总额	年　份	利润总额
1998	525.14	2008	9 063.59
1999	997.86	2009	9 287.03
2000	2 408.33	2010	14 737.65
2001	2 388.56	2011	16 457.57
2002	2 632.94	2012	15 175.99
2003	3 836.20	2013	15 917.68
2004	5 453.10	2014	14 508.02
2005	6 519.75	2015	11 416.72
2006	8 485.46	2016	12 324.14
2007	10 795.19		

表 6–24　1999—2015 年国有企业净利润增长率　　　　单位：%

年　份	国有企业利润增长率	年　份	国有企业利润增长率
1999	90.02	2008	−16.04
2000	141.35	2009	2.47
2001	−0.82	2010	58.69
2002	10.23	2011	11.67
2003	45.70	2012	−7.79
2004	42.15	2013	0.12
2005	19.56	2014	−4.52
2006	30.15	2015	−21.31
2007	27.22		

6.2.2　不同生育水平下我国国有资本划转比例测算

划转国有资本充实社会保障基金,既要满足养老保险基金可持续发展的需要,又要尽可能地降低国有资本划转对企业自身发展的影响。据此,需综合考虑三种情况进行模拟:一是划转比例过低,国有资本划转的规模无法满足养老保险基金的实际需要,在这种情况下,随着年份的推移,划转后的养老保险基金将出现负增长;二是划转比例过高,划转后的养老保险基金增长速度过快,超过实际需要,造成划转国有资本的资源浪费;三是划转比例适中,既能维持养老保险基金的可持续增长,又不至于造成浪费。

综合人口数量和结构的变化对养老保险基金缺口的影响,在延迟退休政策的背景下,根据我国总和生育率的现状及测算,1.8 的生育率可能性较低,因此不再使用 1.8 的总和生育率进行测算。在总和生育率为 1.4 和 1.6 的两种情境下对国有资本划转方案进行测算,得出划转国有资本充实社会保障基金的最优划转比例与合理区间。据此,设定低生育水平下,总和生育率为 1.4;高生育水平下,总和生育率为 1.6。

6.2.2.1　高生育水平下的划转比例测算

根据划转的国有资本的总规模与养老保险基金缺口相对应的原则,在总和生育率为 1.6 的情境下,综合比较各种方案的模拟仿真结果后,有三种情况:在高划转比例(10%)下,划转后,养老保险基金累计结余迅速增加;在低划转比例(6%)下,未来不能弥补缺口;在中划转比例(8%)下,能够有效弥补养老保险基金缺口,且养老保险基金累计结余保持平稳增长(见表 6-25)。

表 6-25　高生育水平下国有资本不同划转比例下养老基金结余测算

单位:万亿元

年　份	高生育水平 低划转比例	高生育水平 中划转比例	高生育水平 高划转比例
2016	2.95	3.73	4.51
2017	3.42	4.27	5.12

续　表

年　份	高生育水平 低划转比例	高生育水平 中划转比例	高生育水平 高划转比例
2018	3.85	4.77	5.70
2019	4.23	5.24	6.25
2020	4.57	5.67	6.77
2021	4.83	6.04	7.24
2022	5.14	6.44	7.75
2023	5.47	6.90	8.33
2024	5.85	7.41	8.96
2025	6.28	7.97	9.66
2026	6.74	8.59	10.44
2027	7.21	9.22	11.24
2028	7.67	9.87	12.06
2029	8.13	10.52	12.91
2030	8.58	11.19	13.79
2031	9.02	11.86	14.70
2032	9.54	12.64	15.74
2033	10.16	13.54	16.91
2034	10.88	14.56	18.24
2035	11.71	15.72	19.73
2036	12.66	17.04	21.41
2037	13.62	18.38	23.15
2038	14.58	19.77	24.96
2039	15.54	21.20	26.86
2040	16.50	22.67	28.84

续　表

年　份	高生育水平 低划转比例	高生育水平 中划转比例	高生育水平 高划转比例
2041	17.46	24.19	30.92
2042	18.20	25.53	32.86
2043	18.67	26.66	34.66
2044	18.88	27.59	36.30
2045	18.79	28.28	37.78
2046	18.39	28.73	39.08
2047	18.31	29.59	40.87
2048	17.74	30.04	42.33
2049	16.64	30.05	43.45
2050	14.98	29.59	44.20

如图 6-20 所示,在高生育水平下,三种划转比例下养老保险基金盈余都经历了先增加后降低的趋势。例如:在 6% 的低划转比例下,2044 年,养老保

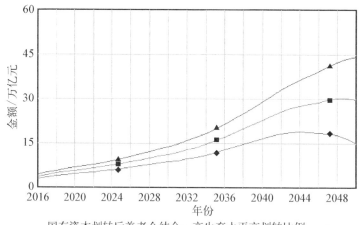

图 6-20　高生育水平下不同划转比例养老保险基金结余走势模拟

险基金盈余最大,达到 18.88 万亿元,但是在该比例下,基金盈余下降非常明显;在 10% 的高划转比例下,2050 年,养老保险基金盈余最大,达到 44.20 万亿元,基金盈余规模保持高速增长的态势;在 8% 的中划转比例下,养老保险基金盈余在 2049 年达到最大以后基本保持稳定,在该比例下,划转后的养老保险基金规模保持稳定增长的态势,对于养老保险基金的健康和稳定发展更为有利。因此,在高生育水平下,最优的划转比例为 8%。

6.2.2.2　低生育水平下划转比例测算

根据划转的国有资本的总规模与养老保险基金缺口相对应的原则,在总和生育率为 1.4 的情境下,综合比较各种方案的模拟仿真结果后,也有三种情况:在高划转比例(16%)下,划转后,养老保险基金累计结余持续迅速增加;在低划转比例(12%)下,未来不能弥补养老保险基金缺口;在中划转比例(14%)下,不仅能够有效弥补养老保险基金缺口,且能够使得养老保险基金累计结余实现可持续增长(见表 6 - 26)。

表 6 - 26　低生育水平下国有资本不同划转比例下养老基金结余测算

单位:万亿元

年　份	低生育水平 低划转比例	低生育水平 中划转比例	低生育水平 高划转比例
2016	5.29	6.07	6.85
2017	5.85	6.70	7.54
2018	6.39	7.30	8.21
2019	6.89	7.87	8.86
2020	7.35	8.41	9.47
2021	7.75	8.90	10.04
2022	8.20	9.43	10.67
2023	8.69	10.02	11.36
2024	9.23	10.67	12.12

年　份	低生育水平 低划转比例	低生育水平 中划转比例	低生育水平 高划转比例
2025	9.82	11.38	12.94
2026	10.48	12.16	13.85
2027	11.19	13.01	14.83
2028	11.96	13.93	15.89
2029	12.80	14.92	17.04
2030	13.71	16.00	18.29
2031	14.70	17.17	19.65
2032	15.73	18.40	21.07
2033	16.79	19.68	22.56
2034	17.89	21.01	24.13
2035	19.04	22.41	25.78
2036	20.24	23.87	27.51
2037	21.42	25.35	29.28
2038	22.60	26.84	31.08
2039	23.76	28.34	32.92
2040	24.90	29.85	34.79
2041	26.03	31.37	36.71
2042	26.89	32.66	38.43
2043	27.48	33.71	39.94
2044	27.75	34.48	41.21
2045	27.70	34.97	42.23
2046	27.29	35.14	42.99

续　表

年　份	低生育水平 低划转比例	低生育水平 中划转比例	低生育水平 高划转比例
2047	27.43	35.91	44.38
2048	27.29	36.44	45.60
2049	26.84	36.76	46.62
2050	26.08	36.73	47.44

如图 6 - 21 所示,在低生育水平下,在低划转比例方案和中划转比例方案下,划转后养老保险基金结余都是先增加后降低的趋势,而在高划转比例方案下,划转后养老保险基金是保持增长的态势。12%的低划转比例下,养老保险基金结余在 2044 年达到最大,为 27.75 万亿元,之后开始下降;在 16%的高划转比例下,2050 年,基金盈余最大,达到 47.44 万亿元,且持续增长;在 14%的中划转比例下,2049 年基金盈余达到最大后基本保持相对稳定的态势。因此,在低生育水平下,划转国有资本充实社会保障基金的最优比例是 14%。

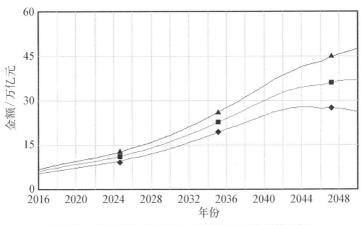

图 6 - 21　低生育水平下不同划转比例养老保险基金结余走势模拟

综上所述,结合养老保险基金仿真分析,在总和生育率为 1.6 的高生育水

平下,划转国有资本充实社会保障基金的最优比例为 14％；在总和生育率为
1.4 的低生育水平下,划转国有资本充实社会保障基金的最优比例为 8％。在
其他因素保持不变的情况下,划转国有资本充实社会保障基金的比例在 8％～
14％的区间内是最优的,既能够弥补未来我国养老保险基金的缺口,又能够使
养老保险基金保持平稳增长。

6.2.3 不同生育水平下我国国有资本划转方案仿真模拟

结合国有资本规模的变动趋势和养老保险基金收支缺口的预测,在确定
总和生育率为 1.4 和 1.6 两种生育水平下的划转比例后,分别对划转方案进
行模拟仿真。第一步,对国有资本的规模进行总量预测；第二步,在总和生育
率为 1.4 的低生育水平下,对国有资本划转充实社会保障基金的方案进行仿
真；第三步,在总和生育率为 1.6 的高生育水平下,对国有资本划转充实社会
保障基金的方案进行仿真。

6.2.3.1 国有资本规模总量预测

如表 6-27 显示,模拟仿真结果发现,国有资本规模呈逐年上升态势,到
2050 年国有资本规模达到 670.10 万亿元。

表 6-27　国有资本规模预测　　　　　　　　　单位：万亿元

年　份	国有资本规模	年　份	国有资本规模
2017	41.77	2025	77.71
2018	42.51	2026	84.70
2019	46.34	2027	92.33
2020	50.51	2028	100.64
2021	55.05	2029	109.69
2022	60.01	2030	119.57
2023	65.41	2031	130.33
2024	71.29	2032	142.06

年　份	国有资本规模	年　份	国有资本规模
2033	154.84	2042	336.30
2034	168.78	2043	366.57
2035	183.97	2044	399.56
2036	200.53	2045	435.52
2037	218.57	2046	474.72
2038	238.24	2047	517.44
2039	259.69	2048	564.01
2040	283.06	2049	614.77
2041	308.53	2050	670.10

6.2.3.2　低生育水平下养老保险基金缺口划转方案模拟

如表6-28所示,在总和生育率为1.4的水平下,2034年前,城镇职工基本养老保险基金结余为正,2035年出现缺口,随后,缺口规模逐渐扩大,到2050年,城镇职工基本养老保险基金缺口规模达到36.22万亿元。

表6-28　低生育水平的养老保险基金缺口仿真测算结果

单位:万亿元

年　份	国有资本划转后养老保险基金结余	城乡居民养老保险基金结余	城镇职工养老保险基金结余
2016	6.07	0.46	0.15
2017	6.70	0.38	0.42
2018	7.30	0.31	0.62
2019	7.87	0.23	0.77
2020	8.41	0.16	0.83

续　表

年　份	国有资本划转后 养老保险基金结余	城乡居民养老保险 基金结余	城镇职工养老保险 基金结余
2021	8.90	0.08	0.79
2022	9.43	0.01	0.76
2023	10.02	−0.06	0.73
2024	10.67	−0.13	0.70
2025	11.38	−0.20	0.67
2026	12.16	−0.27	0.65
2027	13.01	−0.34	0.62
2028	13.93	−0.41	0.59
2029	14.92	−0.48	0.55
2030	16.00	−0.54	0.51
2031	17.17	−0.61	0.46
2032	18.40	−0.68	0.37
2033	19.68	−0.74	0.21
2034	21.01	−0.81	0.00
2035	22.41	−0.87	−0.29
2036	23.87	−0.93	−0.64
2037	25.35	−0.99	−1.14
2038	26.84	−1.06	−1.79
2039	28.34	−1.12	−2.61
2040	29.85	−1.18	−3.60
2041	31.37	−1.24	−4.79
2042	32.66	−1.30	−6.42
2043	33.71	−1.36	−8.55
2044	34.48	−1.41	−11.21

续　表

年　份	国有资本划转后 养老保险基金结余	城乡居民养老保险 基金结余	城镇职工养老保险 基金结余
2045	34.97	−1.47	−14.43
2046	35.14	−1.53	−18.27
2047	35.91	−1.59	−21.84
2048	36.44	−1.65	−26.00
2049	36.76	−1.70	−30.78
2050	36.73	−1.76	−36.22

在总和生育率为 1.4 的低生育水平下,城乡居民养老保险基金结余在 2023 年出现缺口,随后逐年扩大,到 2050 年,城乡居民养老保险基金缺口达到 1.76 万亿元(见表 6-28)。

在低生育水平下,按照 14% 的划转比例划转国有资本后,养老保险基金的结余实现稳定的增长态势,到 2050 年,达到 36.73 万亿元的结余。

6.2.3.3　高生育水平下养老保险基金缺口划转方案模拟

如表 6-29 所示,在总和生育率为 1.6 的高生育水平下,2038 年前,城镇职工养老保险基金结余为正,2039—2050 年,城镇职工养老保险基金均有缺口,2050 年缺口高达 27.03 万亿元。在总和生育率为 1.6 的高生育水平下,城乡居民养老保险基金结余在 2023 年出现缺口,随后逐年扩大,到 2050 年,城乡居民养老保险基金缺口达到 1.81 万亿元(见表 6-29)。

表 6-29　高生育水平的养老保险基金缺口仿真测量结果

单位:万亿元

年　份	国有资本划转后 养老保险基金结余	城乡居民养老保险 基金结余	城镇职工养老保险 基金结余
2016	3.73	0.46	0.15
2017	4.27	0.38	0.48

续　表

年　份	国有资本划转后养老保险基金结余	城乡居民养老保险基金结余	城镇职工养老保险基金结余
2018	4.77	0.31	0.76
2019	5.24	0.23	0.97
2020	5.67	0.16	1.11
2021	6.04	0.08	1.15
2022	6.44	0.01	1.20
2023	6.90	−0.06	1.26
2024	7.41	−0.13	1.32
2025	7.97	−0.20	1.40
2026	8.59	−0.27	1.48
2027	9.22	−0.34	1.52
2028	9.87	−0.41	1.50
2029	10.52	−0.48	1.44
2030	11.19	−0.55	1.31
2031	11.86	−0.62	1.11
2032	12.64	−0.68	0.94
2033	13.54	−0.75	0.79
2034	14.56	−0.82	0.66
2035	15.72	−0.88	0.56
2036	17.04	−0.95	0.50
2037	18.38	−1.01	0.34
2038	19.77	−1.07	0.07
2039	21.20	−1.14	−0.31

续　表

年　份	国有资本划转后 养老保险基金结余	城乡居民养老保险 基金结余	城镇职工养老保险 基金结余
2040	22.67	−1.20	−0.81
2041	24.19	−1.26	−1.45
2042	25.53	−1.33	−2.47
2043	26.66	−1.39	−3.91
2044	27.59	−1.45	−5.80
2045	28.28	−1.51	−8.18
2046	28.73	−1.57	−11.09
2047	29.59	−1.63	−13.90
2048	30.04	−1.69	−17.45
2049	30.05	−1.75	−21.81
2050	29.59	−1.81	−27.03

　　按照8%的划转比例测算,划转国有资本后养老保险基金的结余到2050年达到29.59万亿元,基本上总体保持着稳定增长的态势。

　　本部分构建了养老保险基金划转模型,通过养老保险基金仿真分析,划转国有资本充实社会保障基金的划转比例在8%～14%的区间内是最优的,能够弥补我国养老保险基金的缺口,并使养老保险基金总体上保持稳定的增长态势。在总和生育率为1.4的生育水平下,按照14%的划转比例划转国有资本后,养老保险基金的结余实现稳定的增长,到2050年,达到36.73万亿元的结余;在总和生育率为1.6的生育水平下,按照8%的划转比例划转国有资本后,养老保险基金的结余到2050年达到29.59万亿元,总体上保持稳定增长的态势,说明测算出的划转比例有较强的科学性、可行性与合理性。

第7章
地方国有资本充实社会保障基金方案仿真模拟
——以山东省为例

山东省在国务院出台划转部分国有资本充实社保基金方案之前，便出台了划转的方案，是目前地方政府中唯一进行划转实践的省份。本文结合山东省相关数据，对其划转的方案进行模拟仿真分析。

7.1 山东省养老保险基金缺口仿真分析

7.1.1 山东省人口预测

基于老化链结构的人口系统模型，建立山东省总人口子系统、人口结构子系统和子系统模型。

7.1.1.1 山东省总人口子系统

山东省总人口子系统是其总人口数的模拟仿真。总人口数是各年龄段人口数的和。山东省总人口子系统模型，如图 7-1 所示。

7.1.1.2 山东省人口结构子系统

将山东省人口结构子系统模型中的人口结构划分为三个阶段：0～14 岁的少儿阶段、15～64 岁的劳动年龄人口阶段、65 岁以上的老年阶段。当政策

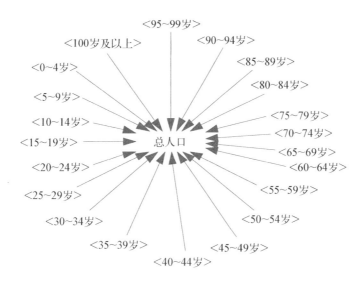

图 7-1　山东省总人口子系统模型

参数改变时,各年龄段的人口数和人口比例都可以通过该子系统进行仿真模拟,其模型如图 7-2 所示。

7.1.1.3　山东省人口系统仿真分析

本部分将在老化链结构的人口系统模型基础上,对不同政策情境下山东省的人口总量、人口结构、受教育人口、就业人口、老龄化人口数量等进行分析。根据文献资料和对山东省的实际分析,假设山东省的总和生育率为 1.6。据此推算 2016—2050 年山东总人口变化趋势如图 7-3 所示。

山东省总人口数量在预测期间呈先上升后下降的趋势,少儿人口比重呈先上升后下降趋势,劳动年龄段人口比重呈下降趋势,老年人口比重呈上升后缓慢下降趋势。由表 7-1 可知,山东人口总数由 2016 年的 9 540.70 万人增加到 2029 年的 9 982.77 万人,之后开始下降,到 2050 年的 9 330.54 万人(不考虑迁移人口);少儿人口数由 2016 年的 1 587.57 万人下降至 2050 年的 1 483.68 万人;劳动年龄人口数量由 2016 年的 6 918.91 万人下降至 2050 年的 5 665.33 万人;老年人口数量由 2016 年的 1 034.21 万人增加到 2048 年的 2 186.75 万人后开始下降。

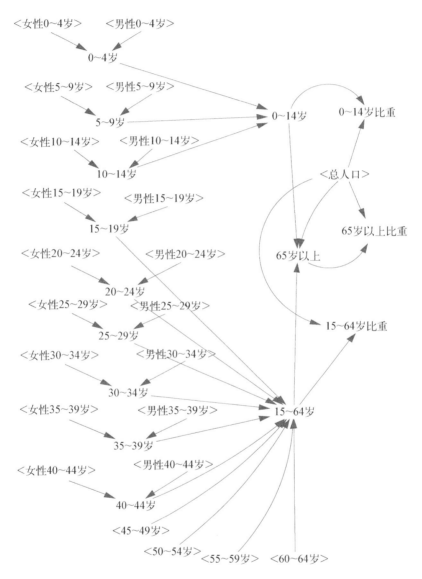

图 7－2　人口结构子系统模型

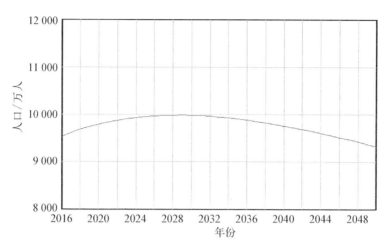

图 7 - 3　2016—2050 年山东总人口变化趋势

表 7 - 1　2016—2050 年山东省不同人口结构变化　　　　单位: 万人

年　份	山东省 少儿人口	山东省劳动 年龄人口	山东省 老年人口	山东省 总人口
2016	1 587.57	6 918.91	1 034.21	9 540.70
2017	1 625.39	6 889.75	1 099.90	9 615.04
2018	1 658.12	6 865.22	1 158.34	9 681.68
2019	1 685.77	6 842.22	1 212.81	9 740.80
2020	1 708.30	6 818.88	1 265.45	9 792.64
2021	1 725.71	6 794.15	1 317.63	9 837.49
2022	1 738.10	6 767.51	1 370.03	9 875.64
2023	1 745.70	6 738.82	1 422.92	9 907.44
2024	1 748.83	6 708.13	1 476.26	9 933.21
2025	1 747.90	6 675.61	1 529.75	9 953.26
2026	1 743.42	6 641.48	1 583.04	9 967.94
2027	1 735.89	6 605.99	1 635.67	9 977.55

年　份	山东省 少儿人口	山东省劳动 年龄人口	山东省 老年人口	山东省 总人口
2028	1 725.86	6 569.33	1 687.21	9 982.39
2029	1 713.86	6 531.70	1 737.21	9 982.77
2030	1 700.40	6 493.25	1 785.31	9 978.95
2031	1 685.95	6 454.08	1 831.16	9 971.19
2032	1 670.91	6 414.30	1 874.53	9 959.75
2033	1 655.67	6 373.97	1 915.21	9 944.85
2034	1 640.52	6 333.13	1 953.06	9 926.71
2035	1 625.71	6 291.83	1 987.98	9 905.52
2036	1 611.43	6 250.12	2 019.93	9 881.48
2037	1 597.82	6 208.03	2 048.91	9 854.76
2038	1 584.97	6 165.64	2 074.92	9 825.53
2039	1 572.93	6 122.99	2 098.01	9 793.93
2040	1 561.72	6 080.18	2 118.23	9 760.13
2041	1 551.31	6 037.29	2 135.67	9 724.26
2042	1 541.67	5 994.42	2 150.39	9 686.47
2043	1 532.73	5 951.68	2 162.47	9 646.89
2044	1 524.44	5 909.19	2 172.02	9 605.64
2045	1 516.71	5 867.04	2 179.12	9 562.87
2046	1 509.45	5 825.37	2 183.87	9 518.70
2047	1 502.60	5 784.27	2 186.39	9 473.26
2048	1 496.06	5 743.84	2 186.75	9 426.66
2049	1 489.78	5 704.17	2 185.10	9 379.05
2050	1 483.68	5 665.33	2 181.52	9 330.54

7.1.2　山东省养老保险基金缺口预测

山东省养老保险基金筹集子系统、管理子系统所涉及的主要变量,以及模型需要使用的状态变量、速率变量、辅助变量等指标的选取,与第 6 章中全国测算的指标一致,不再赘述。这里基于山东省养老保险基金的收入、支出的主要影响因素,建立山东省养老保险基金运行系统模型,如图 7 - 4 所示。

7.1.2.1　系统主要变量参数设定及关系分析

为系统主要变量设定初始值,对其变化情况做分析假定,对变量相互间的关系进行分析。

(1) 山东省城镇职工养老保险子系统变量。

① 参保人口。参保人口指参加山东省城镇职工基本养老保险,且每年进行缴费的人口数。基于参保人口,可以估算出每年的基金收入。计算年参保人口数据,通过前文山东省总人口预测和人口结构进行预测,得出山东省2016—2050 年的参保人口数。

② "老人""中人""新人"的数量。山东省执行国家的"老人老办法、新人新办法、中人采取过渡办法"的原则,在渐进式延迟退休年龄的基础上,结合生命周期表和前文总人口预测,得出山东省的"新人""中人"和"老人"的数量(见表 7 - 2)。

表 7 - 2　山东省"新人""中人""老人"的数量　　　　单位: 万人

年份	女性"老人"	女性"中人"	女性"新人"	女性参保人数	男性"老人"	男性"中人"	男性"新人"	男性参保人口
2016	819.36	879.65	0.00	2 467.22	297.57	724.14	0.00	3 290.59
2020	690.38	1 295.99	0.00	2 286.99	221.47	1 039.61	0.00	3 151.89
2025	535.68	1 623.37	0.00	2 160.57	141.37	1 298.03	0.00	3 032.11
2030	414.09	1 889.86	0.00	2 061.17	76.53	1 478.56	0.00	2 928.39
2035	273.03	2 099.16	250.28	1 974.30	33.75	1 586.89	0.00	2 833.65
2040	153.93	2 234.76	566.46	1 900.01	11.12	1 633.04	0.00	2 746.22
2045	69.74	2 289.51	856.15	1 839.73	0.00	1 632.29	322.14	2 668.56
2050	22.00	2 288.81	1 129.74	1 800.10	0.00	1 603.80	614.84	2 613.90

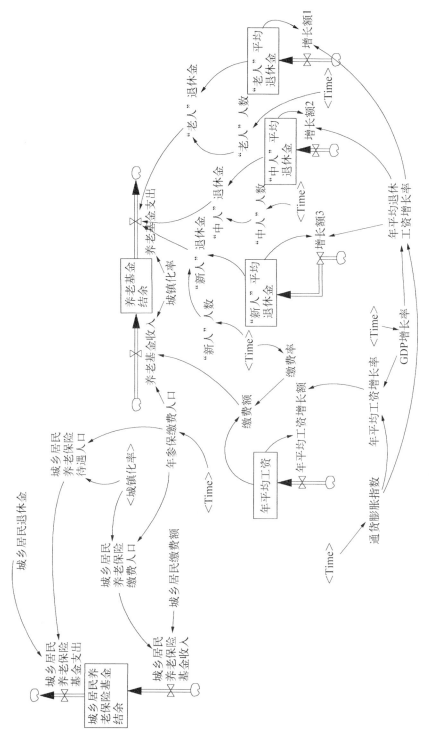

图 7 - 4 山东省养老保险系统动力学模型

③ GDP 和 CPI。由表 7-3 可知,山东省 2011—2016 年的 GDP 增长率的变化。在 2014—2016 年间,GDP 增长率的发展趋势比较稳定,随着我国经济发展进入新常态,增速放缓,因此假设 2017—2030 年山东省 GDP 平均增长率为 6%,2030—2050 年山东省 GDP 增长率为 5%。假设山东省 CPI 平均增幅在 2018—2050 年保持在 2%。

表 7-3　山东省 GDP 及其增长率、CPI 平均增幅

年　份	GDP/亿元	GDP 增长率/%	CPI 平均增幅/%
2011	45 361.85	15.81	5.0
2012	50 013.24	10.25	2.1
2013	55 230.32	10.43	2.2
2014	59 426.59	7.60	1.9
2015	63 002.33	6.02	1.2
2016	67 008.19	6.36	2.1

④ 缴费率。按照 1997 年《国务院关于建立统一的企业职工基本养老保险制度的决定》、2005 年《国务院关于完善企业职工基本养老保险制度的决定》和山东省的相关规定,单位的养老保险缴费率,一般不超过单位工资总额的 20%。综合考虑各种因素,在本文模型中将山东省 2017—2050 年缴费率假定为 26%。

⑤ 年平均工资增长率。

$$年平均工资增长率 = GDP 增长率 + CPI 增长率$$

设定年平均工资的初始时点为 2016 年,人均年平均工资的初始值为 67 421 元。

⑥ 年平均养老金及增长率。

$$年平均养老金增长率 = 1.6 × GDP 增长率 + 1.2 × CPI 增长率$$

(2) 山东省城乡居民养老保险子系统变量。

$$城乡居民社会养老保险待遇 = 基础养老金 + 个人账户养老金$$

$$月养老金＝基础养老金＋个人账户总额÷计算系数$$
$$个人账户总额＝个人缴费＋政府补贴＋集体补助$$
$$＋社会和个人资助＋利息$$

基础养老金的标准为 55 元，以缴费 15 年，平均利息 3.5％为例，参照城镇职工养老保险系数 139 个月，计算方法如下：

$$城乡居民养老保险金＝基础养老金＋个人账户养老金[(个人缴费$$
$$＋政府补贴＋利息)÷139]$$

这里选择城乡居民保险缴费额度为每年 100 元，领取标准为每年领取 883.2 元。

7.1.2.2　系统运行预测结果

（1）山东省城镇职工养老保险基金收入、支出运行结果（见表 7 - 4）。在前文对山东省年平均工资和年平均养老金预测结果的基础上，运用模型测算出山东省城镇职工养老保险基金收入、支出、缺口的变动。山东省城镇职工养老保险收入和支出在模型预测期间内一直呈现不断增长的趋势。基金结余在 2025 年以后逐年减少，在 2034 年收不抵支，出现缺口。

表 7 - 4　山东省城镇职工养老保险基金收入、支出运行结果

单位：万亿元

年　份	养老基金支出	养老基金收入	养老基金结余
2016	0.37	0.42	0.32
2017	0.41	0.45	0.37
2018	0.45	0.49	0.42
2019	0.49	0.53	0.46
2020	0.53	0.56	0.50
2021	0.57	0.60	0.54
2022	0.62	0.64	0.57

续　表

年　份	养老基金支出	养老基金收入	养老基金结余
2023	0.66	0.68	0.59
2024	0.71	0.71	0.60
2025	0.76	0.75	0.61
2026	0.81	0.79	0.60
2027	0.86	0.84	0.59
2028	0.92	0.88	0.56
2029	0.98	0.92	0.52
2030	1.03	0.96	0.46
2031	1.11	1.01	0.39
2032	1.19	1.05	0.28
2033	1.28	1.10	0.14
2034	1.37	1.15	−0.04
2035	1.46	1.20	−0.26
2036	1.56	1.25	−0.53
2037	1.66	1.30	−0.84
2038	1.76	1.36	−1.20
2039	1.87	1.42	−1.60
2040	1.99	1.48	−2.06
2041	2.14	1.54	−2.57
2042	2.29	1.61	−3.16
2043	2.45	1.68	−3.85
2044	2.63	1.75	−4.63
2045	2.81	1.82	−5.51

续　表

年　份	养老基金支出	养老基金收入	养老基金结余
2046	2.98	1.89	−6.50
2047	3.17	1.97	−7.59
2048	3.37	2.05	−8.79
2049	3.57	2.13	−10.11
2050	3.78	2.21	−11.55

　　(2) 山东省城乡居民养老保险基金收入、支出运行结果(见表 7‐5)。山东省城乡居民养老保险基金收入、支出均呈现缓慢下降趋势；城乡居民养老保险基金由结余转为缺口。基金收入由 2016 年的 34.29 亿元，下降至 2050 年的 30.23 亿元；基金支出由 2016 年的 88.82 亿元，下降至 2050 年的 78.30 亿元；基金结余在 2016 年为 271.47 亿元，逐渐下降，到 2021 年出现负值，2021年基金缺口为 1.86 亿元，到 2050 年基金缺口为 1 481.94 亿元。

表 7‐5　山东省城乡居民养老保险基金收入、支出、结余　　单位：亿元

年　份	基金支出	基金收入	基金结余
2016	88.82	34.29	271.47
2017	88.50	34.17	216.86
2018	88.18	34.04	162.23
2019	87.86	33.92	107.56
2020	87.54	33.80	52.86
2021	87.01	33.59	−1.86
2022	86.48	33.39	−56.39
2023	85.95	33.18	−110.72
2024	85.43	32.98	−164.86

年　　份	基金支出	基金收入	基金结余
2025	84.90	32.78	−218.80
2026	84.41	32.59	−272.54
2027	83.92	32.40	−325.96
2028	83.43	32.21	−379.05
2029	82.94	32.02	−431.82
2030	82.45	31.83	−484.27
2031	82.09	31.69	−536.39
2032	81.73	31.55	−588.21
2033	81.37	31.41	−639.73
2034	81.01	31.27	−690.95
2035	80.65	31.14	−741.86
2036	80.41	31.05	−792.48
2037	80.18	30.96	−842.87
2038	79.95	30.86	−893.05
2039	79.71	30.77	−943.00
2040	79.48	30.68	−992.73
2041	79.34	30.63	−1042.24
2042	79.19	30.57	−1091.61
2043	79.05	30.52	−1140.83
2044	78.91	30.46	−1189.91
2045	78.76	30.41	−1238.85
2046	78.67	30.37	−1287.65

续　表

年　　份	基金支出	基金收入	基金结余
2047	78.58	30.34	−1336.35
2048	78.48	30.30	−1384.97
2049	78.39	30.26	−1433.50
2050	78.30	30.23	−1481.94

7.2　山东省国有资本充实社会保障基金仿真模拟

假设山东省国有资本增长率为10％；国有企业利润增长率2016—2020年为8％、2021—2030为6％、2031—2050为4％。

7.2.1　模型的边界和时限确定

模型框架的设定，主要依据养老保险制度的运行情况，分为两个模块，即国有资本划转系统和国有企业运行系统，具体运行情况如图7-5所示。

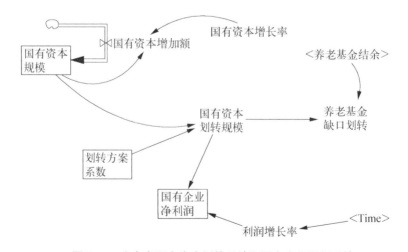

图7-5　山东省国有资本划转系统和国有企业运行系统

7.2.2　确定系统模型变量

根据设定的模型子系统情况,对模型变量进行深入分析。

在国有资本划转系统中,涉及的主要变量有山东省的国有资本增长率、国有资本规模、划转方案系数、养老金结余等。

在国有企业运行系统中,主要变量有山东省的国有企业净利润、利润增长率等。根据山东省的规定,划转国有企业资本的30%充实社会保障基金。据此,山东省的划转方案系数为30%。

7.2.3　模型仿真结果

仿真结果发现,划转后,山东省国有资本规模逐年上升,到2050年国有资本规模达到757.05万亿元(见表7-6)。

表7-6　山东省国有资本规模预测　　　　单位:万亿元

年　份	国有资本规模	年　份	国有资本规模
2016	29.63	2028	93.00
2017	32.60	2029	102.30
2018	35.86	2030	112.53
2019	39.44	2031	123.78
2020	43.39	2032	136.16
2021	47.72	2033	149.78
2022	52.50	2034	164.76
2023	57.75	2035	181.23
2024	63.52	2036	199.36
2025	69.87	2037	219.29
2026	76.86	2038	241.22
2027	84.55	2039	265.34

续　表

年　份	国有资本规模	年　份	国有资本规模
2040	291.88	2046	517.08
2041	321.06	2047	568.78
2042	353.17	2048	625.66
2043	388.49	2049	688.23
2044	427.34	2050	757.05
2045	470.07		

7.2.4　山东省养老保险基金缺口测算

　　根据山东省养老保险基金缺口的模拟（见表7-7），山东省养老保险基金结余在2033年之前为正，2034年开始，养老保险基金出现缺口，之后缺口不断扩大，到2050年，山东省城镇职工基本养老保险基金的缺口达到11.55万亿元；到2050年，山东省城乡居民养老保险基金的缺口约为0.15万亿元。根据山东省颁布的国有资本划转方案，按照30%的国有资本划转比例，划转后的国有资本能够有效弥补山东省养老保险基金的缺口，而且出现一定的盈余，在2050年，划转国有资本后的山东省养老保险基金的结余达到17.18万亿元。

表7-7　山东省养老保险基金缺口仿真结果　　　　单位：万亿元

年　份	国有资本划转后养老保险基金结余	山东省城镇职工基本养老保险基金结余
2016	4.37	0.32
2017	4.99	0.37
2018	5.62	0.42
2019	6.24	0.46
2020	6.85	0.50

年　份	国有资本划转后 养老保险基金结余	山东省城镇职工基本 养老保险基金结余
2021	7.44	0.54
2022	8.02	0.57
2023	8.59	0.59
2024	9.14	0.60
2025	9.67	0.61
2026	10.18	0.60
2027	10.68	0.59
2028	11.16	0.56
2029	11.62	0.52
2030	12.08	0.46
2031	12.54	0.39
2032	12.85	0.28
2033	13.02	0.14
2034	13.04	−0.04
2035	12.92	−0.26
2036	12.66	−0.53
2037	12.35	−0.84
2038	12.02	−1.20
2039	11.70	−1.60
2040	11.42	−2.06
2041	11.24	−2.57
2042	10.97	−3.16
2043	10.67	−3.85

年　份	国有资本划转后 养老保险基金结余	山东省城镇职工基本 养老保险基金结余
2044	10.41	−4.63
2045	10.27	−5.51
2046	10.35	−6.50
2047	10.90	−7.59
2048	12.08	−8.79
2049	14.10	−10.11
2050	17.18	−11.55

综上，根据山东省颁布的划转国有资本充实社会保障基金的方案，按照30%的比例进行划转，根据测算，该比例下，国有资本划转能够弥补山东省养老保险基金的缺口且有一定的结余。

第8章
划转的路径设计

本章分析划转的相关主体间博弈关系,确立划转国有资本充实社会保障基金的指导原则,提出划转的实施路径。

8.1　划转的主体博弈关系

划转涉及财政部门、人力资源和社会保障部门、国资监管部门、证监部门、社会保障基金理事会、国有企业、离退休人员七大主体,这里采用公共产品博弈理论来分析相关利益主体之间的关系。

所采用的公共产品博弈分析模型是从纳什均衡发展而来的,其博弈中心围绕的是公共产品。公共产品博弈的基本定义为,假如一个人的行为为所有社会成员带来了好处,那么这样的一个行为就可以称为公共产品。从这个角度来说,养老保险基金属于典型的公共产品。虽然上述七大主体的利益目标都是为了整个社会的和谐发展,但是从部门的角度出发,其角色定位还是存在一定的差别,故从角色定位角度对七大利益主体的目标和定位进行分析。

8.1.1　七大主体在划转中的角色定位

8.1.1.1　财政部门和人社部门在博弈中的角色定位

财政部门是制定划转国有资本到养老保险基金政策的直接主体。它在均衡各利益相关方的利弊、综合考虑社会各层面的意见和影响的基础上,制定划转国有资本充实社会保障基金的政策,同时还要担负监管的责任。财政部门在制定划转政策的过程中,一方面要考虑国有企业的支付能力,避免划转比例过高,影响国有企业的运营,另一方面又要保证养老保险基金的缺口得到有效弥补。因此,财政部门在划转国有资本充实社会保障基金过程中,既有制定规则的作用,也有着监管的权利和义务。另外,人力资源和社会保障部门(简称人社部门)作为计发养老保险基金的部门,对及时有效弥补养老保险基金缺口有着强烈的需求,其目标和财政部门是一致的。因此,将两者作为一个整体来进行分析。

8.1.1.2　国有企业和国资监管部门在博弈中的角色定位

国有企业在某种程度上说是划转的投资者,国有企业无论是从自身的效益还是从社会发展的整体利益出发,都会更加注重划转这部分国有资本的投资效益。由于本身性质的特殊性,国有企业不能对养老保险基金进行无限量的投资,否则势必削弱其生产经营状况。因此,国有企业划转国有资本投入社会保障基金的资金是有限度的。这就要求财政部门要指导国有企业,结合我国国情和财政部门情况,以成本分担理论为指导,科学、合理地测算和制定划转的比例。而国资监管部门作为国有企业的监管部门,与国有企业属于利益共同体,其与国有企业都希望能够实现国有企业自身资本的较好、较快增长。因此,将两者作为一个整体来进行博弈行为的分析。

8.1.1.3　社会保障基金理事会在博弈中的角色定位

社会保障基金理事会是划转国有资本充实社会保障基金的直接产出者。它在获得国有企业划转的国有资本之后,对其进行储备和保值增值,以期为退休职工和居民提供养老金。社会保障基金理事会希望财政部门来保证养老金的支出并弥补缺口。其一方面希望获得充足的资金来弥补养老保险基金缺口;另一方面,在现有条件下,希望国有企业划转的比例越高越好。虽然划转国有资本充实社会保障基金的政策和比例是由财政部门来监管和制定的,但是社会保障基金理事会在养老金市场有着直接监管的作用。

8.1.1.4　离退休人员在博弈中的角色定位

随着老年人对生命质量的重视和生活品质的提升,老年人对于养老金的需求越来越高。养老金的消费是老年人对自身日常生活的一种必需消费,有时候也会用来投资。这笔养老金收入对于老年人来说是自身受益的。根据谁受益谁承担的原则,老年人自然应该承担一部分养老金成本。但鉴于我国现有养老保险制度的特殊性,在目前政策条件下,退休职工的养老金支出是由正在参与劳动的在职人员承担的。这就导致老年人在获取养老金的心理上会产生一定的偏差,对养老金的要求偏高,给财政部门制定政策造成了一定的压力。

8.1.1.5　证监部门在博弈中的角色定位

证监部门作为在养老保险基金投资进入资本市场中的主要监管主体,它的目的在于提高整体资本市场的收益率,其收益是潜在和巨大的。但是养老保险基金作为一笔巨大的公共财富,它的保值增值具有很大的难度。由此,对证监部门的工作提出了更高的要求,需要有更多的专业证券投资分析人员来制订养老金入市投资的策略。

8.1.2　划转中的主体博弈关系

划转国有资本充实社会保障基金的政策制定和执行,各利益相关主体之间,有着必须合作的关系,但是它们之间也存在着一定的冲突。从合作的角度看,划转国有资本充实社会保障基金政策的制定,主要依靠财政部门;而资金直接投入来自国有企业,入市之后的监管和运行,主要依靠财政部门和证监部门的参与;直接收益人乃是领取养老金的老年人,其直接诉求影响政策的制定和执行。如果这几大主体之间能切实履行合作关系,那么不仅会给国有企业带来效益,还会对社会各方面产生有利的影响。因此,各利益相关方在划转过程中的合作,会给其带来直接或者间接的收益,并且这些收益是不可分割的。

上述利益主体之间存在着一些基本的关系:财政部门与人社部门、国有企业与国资监管部门、社会保障基金理事会(简称社保基金理事会)以及领取养老金的退休人员,系显性利益关系;国有企业在缺乏强制规定的情况下,不一定会自愿划转企业的资本,必定和社保基金理事会和退休人员产生利益冲突。但是社保基金理事会作为承接划转的国有资本的主体,也可以运用相关的规则来实现利益的平衡。就上述利益主体而言,社保基金理事会势必会成为其共同利益诉求的代表。划转过程中各利益主体之间或合作或冲突的具体博弈关系表现如图 8-1 所示。

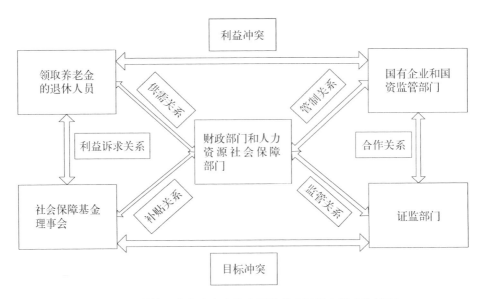

图 8-1　划转国有资本充实社会保障基金过程中的主体博弈

8.1.2.1　社保基金理事会与领取养老保险基金的退休人员

这一关系主要涉及划转充实之后养老保险基金的计发标准，因为这涉及退休人员的切身权益，每个人的利益诉求不相同。通常是社会保障经办机构与社保基金理事会通过调查研究制定相关标准。就此而言，社保基金理事会与领取养老保险基金的退休人员之间不存在利益冲突，也不存在目的冲突，其目标都是获得更多的养老金，只不过社保基金理事会考虑的是总体数量，而退休人员个人考虑的是自身利益。

8.1.2.2　国有企业与领取养老保险基金的退休人员

一般情况下，两者的博弈并非直接博弈，而是间接博弈。退休人员所领取的养老金中的部分是来自国有企业划转的国有资本，对于退休人员来说，自然是希望越多越好；但是，国有企业对于国有资本的划转，并不希望越多越好。两者博弈的重点在于到底需要划转多少是科学合理的。对于领取养老金的退休人员来说,划转国有资本越多对其越有利,但如果划转得过多,将直接影响国有企业本身的利益,这就违背了划转国有资本充实社会保障金本来的基本目标及服务社会的宗旨。

8.1.2.3 社保基金理事会与国有企业之间的博弈

两者之间的博弈属于间接博弈,其博弈焦点在于划转比例的制定以及如何划转。社保基金理事会申请出台相关的配套法律规范以及行业规则,来保证国有企业的整体利益。划转国有资本的比例到底多少,以及未来具体划转分类与方案的出台,都是国有企业自愿划转的关键所在。同时,由于社会保障基金理事会与国有企业之间还存在着目标差异,国有企业并不会以社保基金理事会的目的作为其行为选择的准则,而是为如何提高自身收益和争取到更多的效益而努力。社保基金理事会与国有企业之间的信息不对称,使得社保基金理事会无法清晰地定位国有企业的目标,从而导致划转国有资本的操作缺乏针对性。

8.1.2.4 证监部门与社保基金理事会之间的博弈

两者之间的博弈主要在于养老保险基金运作目的。证监部门对于突然入市的大笔养老保险基金,首先要履行的职责是维稳,即维持整个资本市场的稳定,而社保基金理事会的目的却是使养老保险基金获得最大程度的保值增值。如果证监部门要维持资本市场运行的稳定,不出现股市大幅下跌的情况,必须对突然入市的养老保险基金采取政策,不能马上让其投入运行,不能让其影响资本市场的整体稳定与发展。但是,社会保障理事会希望养老保险基金入市之后迅速实现保值增值的目的,就势必会与证监部门产生一定的冲突。

8.1.2.5 财政部门、人社部门与国有企业之间的博弈

财政部门、人社部门作为公共产品博弈的核心机构与组织,与其他利益主体之间均存在博弈,但财政部门、人社部门与国有企业之间的博弈是关键所在。财政部门和人社部门是制定政策的机构,划转势必会与国有企业的营利目的产生冲突。国有企业会更加多地关注自身的利益,需要财政部门、人力资源和社会保障部门根据当前经济社会的发展水平,及时调整划转比例,以及出

台对相关划转政策的修正案,使得划转国有资本充实社会保障基金后,能够及时地对社会需求结构的变化,做出反应。

8.1.2.6　财政部门、人社部门与其他主体之间的博弈

财政部门、人社部门与其他主体之间亦存在着博弈关系,其中:与领取养老保险基金的退休人员是供需关系,与国有企业是管制关系,与证监部门是监管关系,与社保基金理事会是补贴关系。由此可以看出,财政部门与领取养老保险基金的退休人员、社保基金理事会不存在利益冲突,其目标是一致的,而与国有企业和证监部门之间的冲突,可以通过有关政策来进行调节。

综上可知,划转国有资本充实社会保障基金行为本身,也可能会对我国经济社会的稳定发展造成影响,如果处理不好各利益主体之间的博弈关系,势必会对各方带来影响。多利益主体的博弈需要多利益主体之间的相互协调,才能让局面走向稳定。在划转国有资本充实社会保障基金的过程中,社保基金理事会和财政部门毫无疑问应该担当重任,通过制定和执行政策来保证退休老年人的利益,保证他们在退休之后仍然可以享受到应有的养老保险待遇。

总的来说,博弈论可以划分为合作博弈和非合作博弈(王文举,2003)。而在上述几大主体之间,除了国有企业和国资监管部门属于明显利益共同体以外,国资监管部门、国有企业、证监部门属于合作博弈;财政部门、人社部门、领取养老金的老年人以及社保基金理事会,这4个主体之间属于合作博弈。合作博弈的内部不存在冲突,并且是建立在共同利益最大化基础上的。

在现实的经济社会发展中,绝对的均衡是很难达到的。因此,划转国有资本充实社会保障基金,可能会对我国的经济社会发展产生两方面的影响:一方面,各方通过合作带来促进;另一方面,博弈也会带来反作用,会对划转国有资本造成一定的负面影响。必须采取相关措施来防范这些博弈的不利影响。

8.2　划转的原则

划转原则直接关涉划转国有资本充实社会保障基金的实施效果。这里主要从四个方面探究划转的指导原则。

8.2.1 坚持"共享"发展理念,主管部门加强协同

"共享"发展理念是中国特色社会主义的本质要求,必须坚持发展成果由人民共享;国有企业发展壮大的成果,应由全体人民共享。在未来我国养老保险基金缺口不断增大的情况下,划资充养就成为"共享"发展理念的重要和现实的体现。

按照减持国有股、转持国有股充实社保基金的一般步骤,建议由国资监管部门向划转的部(厅局)联席会议,提出国有企业拟划转方案草案,国资监管部门监管的国有企业,由财政部门会同国资监管部门、人社部门审核确认;涉及划转的国有金融机构等国有企业,由财政部门会同人社部门审核确认。根据经审核确认的划转方案,国资监管部门具体办理企业国有资本的划出手续,社保基金理事会办理国有资本划入手续,并对划入的国有资本设立专门账户管理,如图 8-2 所示。

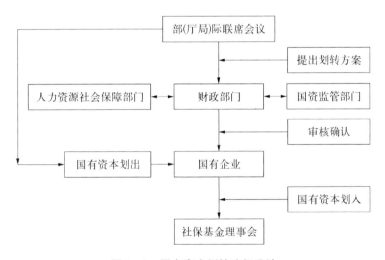

图 8-2 国有资本划转路径设计

8.2.2 建立健全两级管理机构,实行央地分级划转

针对全国社保基金理事会和地方省级统筹基金的区别,研究如何建立健全中央政府层级与地方政府层级的社保基金管理部门,进而研究如何实行不同层级的划转。中央和地方要各自制订不同划转方案和实施细则,社会保障

基金分为全国和地方两个层级，分别由中央财政和地方财政承担兜底责任。全国社会保障基金主要用来储备以应对未来老龄化高峰期的养老金支付，地方社会保障基金主要用于当期支付，基金结余用来进行投资运营，以实现保值增值。因此，在划转时，需要根据不同的层级来进行国有资本循序渐进的划转。

中央直属企业国有资本的划转，已经有全国社保基金理事会作为划转的承接主体。在地方层面，应考虑像山东一样，在各省份建立省级社会保障基金理事会，统一承接本地区范围内的国有资本的划转。设立省级社保基金理事会，比新设立国有独资公司作为承接划转的主体，有明显的优势。一方面，管理体制上比较统一，省级社保基金理事会作为省级的划转承接主体，可以与全国社保基金理事会在管理体制上相对应；另一方面，业务指导与合作比较顺畅，省级社保基金理事会可以在业务上接受全国社保基金理事会的指导。

8.2.3　坚持划转总规模与养老保险基金总缺口对应，分步骤划转

按照公平、公正的原则，在考虑养老保险基金累计结余不充分、地区发展不平衡的基础上，根据中央直属国有企业、地方国有企业在国有资本规模、发展水平、管理水平等方面的差异性，国有资本划转须坚持划转的总规模与基金总缺口相对应的原则，研究如何分步骤划转。

分步骤有计划地划转国有资本，要根据我国经济社会发展的形势，将划转分为三个阶段进行。第一个阶段：将国有资本一次性划转到社会保障基金中，参与其中的国有资本主要是处于充分竞争行业和领域的商业类普通国有企业；第二个阶段：随着老龄化程度日趋加深，逐渐将处于充分竞争行业和领域的商业类关键性国有企业纳入划转范围；第三阶段，当老龄化程度达到峰值时，由于养老保险基金支付压力剧增，收益情况较好的公益类国有企业也需要进行适当的划转以充实社会保障基金。在这三个阶段中，都应该促进和保障划转后的国有资本的保值、增值。

8.2.4　区分国有资本属性，按比例划转

要根据国有资本的不同属性，即根据中央政府所属国有企业和地方政府所属国有企业、公益类国有企业与商业类国有企业的不同，研究如何分别充实

社会保障基金。根据精算平衡原则,首先,要对国有企业进行分类,根据前文测算结果和国有企业的不同属性,细致确定具体的划转比例。其次,根据国有资本控股和参股的不同比例,实行不同程度的划转。再次,将国资收益作为养老保险基金筹资的重要来源,加大国资收益优先用于充实不断增长的养老保险基金缺口的力度。在地方国有资本的划转中,根据各地的实际情况,在确保养老保险基金"广覆盖"的基础上,由省级地方政府科学合理确定所属国企的部分国有资本划转的具体比例。最后,在统筹考虑不同地区、种类、行业的国有企业的生产经营发展状况的前提下,经济发达地区的国有企业、垄断性行业的国企、投资回报率高的国企,要上缴更高比例的国资收益。

8.3　划转的实施路径

国有资本划转要确定划转原则,实行分类型划转,坚持省份自行平衡为主、国家调剂为辅、全国适度统筹为补充。要加强对地方的国有资本划转的管控和指导,综合考虑各个主体的发展需要,给予前文测算,确定具体划转比例,引导国有资本划转额度分配使用,优先支持中西部地区养老保险基金发展。

8.3.1　分类型:按国有企业类型分类划转

根据中央直属国有企业和地方国有企业、商业类国有企业和公益类国有企业不同的国资规模、发展水平和竞争力,结合国有企业在经济社会发展中不同的作用、现状和发展需要,提出划转的实施路径;按照央企和地方国企在国有资本规模、国民经济地位、所处区位环境的不同,研究如何按照央企和地方国企分步划转的路径进行划转。

8.3.1.1　按中央直属国有企业和地方所属国有企业分步划转

(1)中央直属国有企业的国有资本的划转方案。

① 划转范围。全国社保基金是中央政府设立的未来应对老龄化高峰期的社保储备基金,其资金在划转前主要来源于中央财政拨款和国有股减持等,将来也由中央政府统筹使用。所以,中央直属国有企业划转的国有资本,可以

由全国社保基金理事会进行承接。可以考虑选取部分央企进行试点划转。为进一步提高效率，并考虑保持国有控股的需要，可以先选择中央绝对控股（国有控股比例在50%以上）的中央直属国有企业，作为划转试点的对象。与此同时，对非上市的大型国有企业可考虑从其上缴国有资本经营收益中划转一定比例资金，充实社会保障基金。

②划转方式。根据现行会计核算制度，划转给养老保险基金的国有资本均按市值记账。按照央企国有绝对控股公司的国有股东享有的净资产情况，可考虑分三年划转到位，这样年划转净资产占原国有股东持有净资产的比例平均只有7%左右。目前，国有上市公司年均资产增值率都在10%左右，原国有股东的净资产增值部分就可完全弥补划转的部分资本。为不影响国有企业的国有控股地位，同时避免利益格局调整过大，可按企业分类确定划转数量，控股比例高的企业适当多划一些，控股比例相对低些的少划一些，51%以下部分可不再划转。另外，在我国基本养老保险体系中，地方政府主要承担着养老保险基金收支的责任，有建立省级社保储备基金的客观需要。为了调动地方积极性，中央政府可以授权地方政府，参照央企的划转办法，将地方国企，按一定比例划转充实地方社保基金理事会。

③划转后的管理运营。社保基金理事会对承接的国有资本，具有出资人的权利和义务，不影响划转国有企业的经营管理。考虑到划转的国有资本规模较大，涉及企业数量众多，社保基金理事会应设立专职部门负责管理划转的国有资本，建立健全专项投资运营、风险管理和绩效评估体系，与养老保险基金现有的通过财政拨款形成的资产，实行分账管理。财政部门、人社部门和审计部门，要对划转的国有资本的管理运营情况，定期进行检查和审计监督。社保基金会在管理运营上，要坚持"长期投资、价值投资和责任投资"的原则，以确保划转的国有资本的安全，实现划转国有资本的保值增值，壮大我国应对未来老龄化高峰期的储备能力，实施科学精细管理，确保做好资产配置和投资运营。

国有资本划转充实社会保障基金后，社保基金理事会将在较长时期内稳持资产质量相对较好的国有资本，以获得可持续的分红。但是，社保基金理事会也会视金融市场发展和划转国企的生产经营状况，在适当的时机，对承接的国有资本，展开战略性的调整，不断改善资产组合。一方面，降低持有的处于缓慢发展行业的国有资本;另一方面,逐步扩大先进制造业和高端生产性服务行业等快速发展期的国有资本的规模。同时,对可能要保持国有资本控股的关系国计民生和国家安全的行业,实施参与定向增发等模式,充分发挥国有控股股东的重要作用,保障和促进重要行业国有资本的发展壮大。

(2) 地方国企的国有资本的划转方案。地方国企的划转比央企的划转更加纷繁复杂。目前,我国养老保险基金初步达到了省级统筹的层次,为更好地发挥地方的能动性,同时为实现中央和地方管理机构的协调统一,应建立省一级的社保基金理事会,而不是国有资本运营公司,以利于接收本省的国有企业的划转。地方国有资本的划转,应当参考央企的划转,首先对地方国企划分种类,综合考虑当地经济社会发展、基金缺口等状况,由省级政府厘定划转的路径。

① 划转范围。划转范围应当包括省级政府所属国有企业和国有参股企业的国有资本。省级社保基金理事会成立后,省级政府将上述国有资本按照比例划转给社保基金理事会。

② 划转流程。按照相关步骤逐步进行划转工作。财政部门、国资监管部门等对已经依据相关法律成立的省级政府所属国有企业,依据第三方机构审计的相关报表,提出划转的申请,根据省级政府的批复意见,实施相关划转工作。另外,对于还没有进行公司制改革的国有企业,应当加快公司制改革,以便及早开展国有资本的划转。划转过程中,应根据划转进程,及时变更公司章程,尽早办理产权和工商变更,健全和完善法人治理结构。

③ 划转后的管理运营。承接划转的国有资本后的省级社保基金理事会,将承担出资人的职责,享有相关的权利,以分红收益充实社会保障基金;国资监管部门承担国有资产的核实管理,财政部门、国资监管部门等对社保基金理事会行使监督管理职责。

④ 完善划转后企业的治理结构。国有资本的划转完成以后,一般不应变更企业管理队伍。划转后股权多元的国有企业,应当依据相关法律法规要求,组建"三会"(股东大会、董事会、监事会)。同时,根据国资监管部门和社保基金理事会所持有的国有资本比例,承担相关权利和义务。分红应当依据股本来进行,相关细节应当在企业章程中进行明确。

8.3.1.2　按商业类国有企业、公益类国有企业分步划转

近几年来,为了进一步激发市场活力,推动国有企业的混合所有制改革,促进国有资本做优、做强、做大,国家相继出台了国有企业改革的意见和办法①②,加大了国有企业分类改革的力度,逐步把国有企业分为竞争性的商业类国有企业和公益类的国有企业。根据我国国有企业的属性分类,研究如何分步划转。

首先,尽快完成国有企业的分类改革。国有企业的分类划定,是国有企业按属性划转的前提和基础。目前,国务院国资委监管的中央企业分类改革正在加速推进,但是还有一些中央企业没有进行分类改革,尚未界定国有企业的商业类或公益类属性。同时,在各省份,地方国有企业的分类改革,也还有很大的差距,需要加快推进。另外,除去国务院国资委监管的中央国有企业,中央企业还包括中央部门所属的国有企业,这些国有企业如何进行分类改革,也须按照统一的标准加快进行,以便为划转提供明晰的分类界定。

其次,先期划转竞争性的商业类国有企业的国有资本。根据国家对国有企业的分类界定,竞争性的商业类国有企业在兼顾社会责任的同时,更重要的是实现国有企业的利润最大化,实现国有资本的保值增值。就我国已经完成的国有企业的分类界定改革来看,现有的竞争性的商业类国有企业,大多精于主营业务,不少竞争性的商业类国有企业还拥有庞大的海外子公司,企业规模较大,国有资本的总量较高,且具有充分的发展前景。可以结合国内外经济发展形势和企业生产运营的实际,基于前文的划转比例区间的预测,按照10%～14%的比例,划转其国有资本充实社会保障基金。

最后,公益类国有企业视情况进行划转。根据我国国有企业的分类,公益类国有企业具有一定的公益性,主要面向社会提供公益类公共产品或服务。公益类国有企业的分类划转,也要进一步根据公益类国有企业本身的细分分类,结合企业的实际情况,基于前文的划转区间的测算,按照8%～10%的不同的划转比例进行国有资本的划转。但是,对于部分比较特殊的公益类国有企

---

① 中共中央、国务院关于深化国有企业改革的指导意见[R]. 2015 - 08 - 24.
② 国资委,财政部,发展改革委. 关于国有企业功能界定与分类的指导意见[R]. 2015 - 12 - 07.

业,可以免于划转。

8.3.2　分阶段：按三步走战略分步划转

目前,我国养老保险基金还处于省级统筹的层面,由于各省份老龄化程度不同,养老保险基金的累积结余和可支付月数不同,国有企业的总量和发展水平也不尽相同,因此划转工作不能一刀切,要分步骤、分阶段进行。国有资本的划转方式应为“渐进式”,逐步划转国有资本,直至实现目标值。其中,划转比例根据本文预测达到 8%～14% 为合理区间,以小幅度、渐进的方式逐步划转。

8.3.2.1　2022 年前试点划转及推广

我国区域国有企业发展水平不同,国有资本划转具有明显的多样化特征。在遴选部分省份和央企进行先期试点划转的基础上,探索不同类型国有资本划转充实社会保障基金的可行和有效路径,推进全国国有资本划转方案的科学有序实施。

鼓励划转的试点创新,遴选划转试点示范省份,划转试点示范省份的创建首先要编制好划转的实施方案。试点省份要根据试点示范的总体要求,根据本省份国有资本发展实际和养老保险基金实际缺口,结合本文关于最优划转比例的测算结果,确定划转范围和划转比例,分阶段、分步骤制订划转实施方案与细则,做到划转实施对象精准、划转流程规范、划转路径可行、划转效果明显。

国有资本的划转试点要注重国家和地方双方的共同协调商议,试点的央企和省份是先期实施国有资本划转的主体,要认真按照制订的划转方案及其细则,切实做细做实做好;财政、国资监管和社保基金理事会等,要会同有关部门加强引导和支持,相关政策、专项等资源将优先支持试点省份和企业,各省份应充分利用本地区国有企业发展政策资源,支持国有资本划转。

8.3.2.2　2022—2035 年基本实现按比例划转

2022—2035 年,我国要基本实现社会主义现代化。据前文预测,这一阶段也是我国老龄化的高峰期,为了应对老龄化高峰期的养老金缺口危机,在这一阶段,要全面推开并基本实现中央和地方的国企,按比例划转,充实社会保障基金缺口。

央企国有资本的划转,要按照国务院《划转方案》,并根据已经成功划转部分国有资本的中央直属国有企业的成功经验,制订详尽的划转工作手册,推开其余央企的划转。对于还没有进行公司制改革的央企,应当将公司制改革和国有资本划转结合起来统筹推进,基本实现所有中央企业的划转。

省级国有企业国有资本的划转,要在前期试点省份经验的基础上,建立国有资本划转的示范省份,总结经验和教训。同时,根据各省份养老保险基金的需要,拟定划转比例,但不应低于10%的最低标准,基本实现大部分省份的公司制国有企业的国有资本的划转,在老龄化高峰期,基本达到弥补养老保险基金缺口的目标。各省份也要尽快开展余下的省属企业的公司制改革,以便尽早开展划转,进一步充实社会保障基金。

8.3.2.3   2035—2050 年全面实现按比例划转

从 2035 年到 21 世纪中叶,在这一阶段,要全面推进所有中央直属国有企业和省级所属国有企业的国有资本的划转工作,全部国有资本要按照不低于8%的比例进行划转,充实社会保障基金、弥补养老金巨额缺口。同时,要根据养老保险基金缺口的动态变化,对划转的比例作出动态调整。全面建成国有资本划转和养老保险基金动态发展之间的调整机制,全面实现基金缺口主要由划转国有资本来进行弥补,基本达到按需划转的目标。

8.3.3   分空间：按经济地理空间分地区划转

8.3.3.1   东部地区划转方案

相对而言,东部地区各省份的国有企业发展情况比较好,国有资本实力较强。目前,东部地区各省份全部实现了养老保险基金的省级统筹,各省份的养老保险基金均有一定的累计结余或收支缺口相对较小,东部地区各省份具备单独实施国有资本划转充实社会保障基金缺口的现实条件和实施能力。因此,鼓励东部地区各省份,先行先试,率先按照本地区的实际情况,同时借鉴山东省的国有资本划转的经验,拟定划转方案,但不低于 14% 的最低标准,基本实现国有资本划转的"自给自足",为中央企业国有资本划转扶持中西部地区提供保障。

8.3.3.2　中西部地区划转方案

中西部地区各省份经济发展水平与东部地区有一定的差距,国有企业实力相对较弱,国有资本规模较小,而且不少省份的养老保险基金的缺口相对较大。因此,中西部地区国有资本的划转,需要中央企业资本划转的扶持和政策倾斜。

全国社保基金理事会可以根据各省份养老保险基金的实际缺口拟定相应的划转方案,确定不同的扶持额度。可以考虑从中央企业国有资本划转的总额中按照一定比例,补充划转扶持中西部省份的养老保险基金。同时,中西部地区各省份也要按照最低 8% 的比例,对本省的国有资本实施划转,充实本省的养老保险基金的缺口。按照一定步骤拟定国有资本划转范围,按照不低于 8% 的划转比例实现国有资本的划转。

8.3.4　全国社会保障基金对不同地区的补充划转路径研究

全国社会保障基金对未来我国老龄化高峰期的养老保险基金缺口具有兜底责任。由于一些中西部省份的国有企业数量较少、国有资本规模偏低,其划转的国有资本很难弥补本省份当期或未来的养老保险基金缺口。因此,还需研究全国社会保障基金在承接中央直属国有企业划转的国有资本后,在适当的时候,给予不同省份补充划转的路径。这里主要以城镇职工养老保险基金为例,测算不同省份的养老金的需求系数,进而测算给予不同省份的划拨系数。

根据人社部发布的《中国社会保险发展报告 2016》预测,全国城镇职工养老保险基金的平均可支付月数为 17.2 个月,广东省、北京市的可支付月数最多。城镇职工养老保险基金缺口最大的是黑龙江省,养老保险累计缺口高达 232 亿元。从全国城镇职工养老保险基金 2016 年的当期结余来看,有 7 个省份收不抵支。

　　不同省份补充划拨模型的构建思路：根据本文制订的划拨方案，结合不同省份城镇职工养老金实际需求的程度进行划拨，原则上需求程度高的省份，划拨系数也高。因此，划拨系数的测算根据该省份的养老金的可支付月数确定，可支付的月数越少，则划拨系数越高。据此，根据 2016 年不同省份城镇职工养老金的可支付月数，运用下述公式计算各省份城镇职工养老金需求系数（DI）：

$$DI_j = \frac{\sum_{j=1}^{n} pm_j / n}{pm_j} \quad j = 1, 2, 3, \cdots, n$$

其中，DI_j 表示 j 地区养老金需求系数，pm_j 表示 j 地区养老金可支付月数，n 代表地区数量，$\sum_{j=1}^{n} pm_j / n$ 为全国平均可支付月数。根据《中国社会保险发展报告 2016》，选择 32 个地区（含新疆生产建设兵团，不含港澳台）。因此，$n=32$。

　　根据 2016 年各省份的城镇职工养老金可支付月数，测算得出不同省份的养老金需求系数。

　　根据城镇职工养老金需求系数的测算结果，养老金需求程度最高的地区是黑龙江省，需求系数达到 17.2，而最低的是广东省，需求系数为 0.31。根据需求系数的测算结果，进一步测算不同省份（建设兵团）的划拨系数，国有资本划拨比例确定以后，全国社保基金理事会持有的国有资本划拨额度，可以按照该划拨系数对不同省份进行补充。按照下述公式测算不同地区划拨系数（TC）：

$$TC_j = \frac{DI_j}{\sum_{j=1}^{n} DI_j} \quad j = 1, 2, 3, \cdots, n$$

其中，TC_j 表示 j 地区划拨系数，$\sum_{j=1}^{n} TC_j = 1, n = 32$。

　　根据测算，得出不同省份（建设兵团）的划拨系数，如图 8-3 所示。黑龙江划拨系数最高，达到 26.56％，根据划拨方案，全国社保基金理事会持有的国有资本划拨额度，建议按照 26.56％的比例划拨补充给黑龙江省。除黑龙江之外，划拨系数在 3％以上的：新疆建设兵团为 7.81％、青海为 4.58％、吉林为 4.5％、辽宁为 4.22％、河北为 4.09％、天津为 3.24％、陕西为 3.16％、湖北为 3.09％、内蒙古为 3.05％。共 10 个省份（建设兵团）。

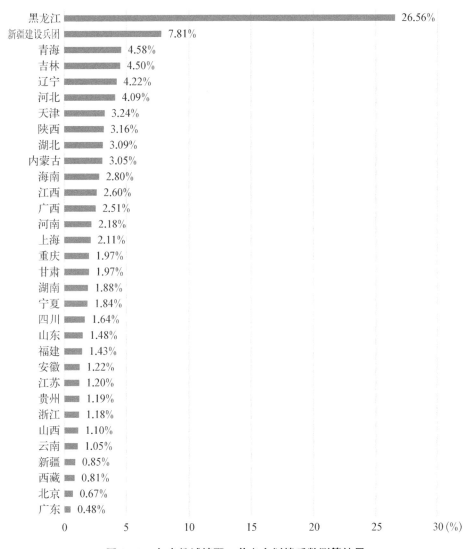

图 8‑3　各省份城镇职工养老金划拨系数测算结果

划拨系数在 2%～3% 之间的：海南为 2.8%、江西为 2.6%、广西为 2.51%、河南为 2.18%、上海为 2.11%，共 5 个省份。

划拨系数在 1%～2% 之间的：重庆和甘肃均为 1.97%、湖南为 1.88%、宁夏为 1.84%、四川为 1.64%、山东为 1.48%、福建为 1.43%、安徽为 1.22%、江苏为 1.2%、贵州为 1.19%、浙江为 1.18%、山西为 1.1%、云南为 1.05%。共 13 个省份。

而划拨系数在 $0 \sim 1\%$ 之间的：广东最低，为 0.48%；北京次之，为 0.67%；西藏为 0.81%，新疆为 0.85%。共 4 个省份。

表 8-1 测算的补充划拨系数，为全国社会保障基金理事会在承接央企划转的国有资本后，对各省份进行补充划拨，提供了切实可行的补充划拨路径，为实现划转在全国范围内的平衡，起到重要的补充保障作用。

表 8-1　全国城镇职工养老金支付月数及划拨系数测算

地　区	累计结余/亿元	可支付月数	需求系数	划拨系数
广东	7 258	55.7	0.31	0.48
北京	3 524	39.8	0.43	0.67
西藏	59	32.8	0.52	0.81
新疆	839	31.1	0.55	0.85
云南	719	25.2	0.68	1.05
山西	1 237	24.2	0.71	1.10
浙江	3 225	22.6	0.76	1.18
贵州	513	22.3	0.77	1.19
江苏	3 366	22.2	0.77	1.20
安徽	1 170	21.7	0.79	1.22
福建	574	18.6	0.92	1.43
山东	2 306	18.0	0.96	1.48
全国平均		17.2		
四川	2 158	16.2	1.06	1.64
宁夏	184	14.4	1.19	1.84
湖南	945	14.1	1.22	1.88
甘肃	371	13.5	1.27	1.97
重庆	826	13.5	1.27	1.97

续　表

地　区	累计结余/亿元	可支付月数	需求系数	划拨系数
上海	1 848	12.6	1.37	2.11
河南	969	12.2	1.41	2.18
广西	459	10.6	1.62	2.51
江西	512	10.2	1.69	2.60
海南	111	9.5	1.81	2.80
内蒙古	434	8.7	1.98	3.05
湖北	828	8.6	2.00	3.09
陕西	438	8.4	2.05	3.16
天津	405	8.2	2.10	3.24
河北	546	6.5	2.65	4.09
辽宁	929	6.3	2.73	4.22
吉林	331	5.9	2.92	4.50
青海	59	5.8	2.97	4.58
新疆兵团	58	3.4	5.06	7.81
黑龙江	−232	1.0	17.20	26.56

第 9 章
划转的政策建议

在统筹规划养老保险制度、完善和深化国资国企改革的状况下,划转国有资本充实社会保障基金系实现养老保险制度稳定、健康、可持续发展的战略性措施。国资划转充实养老基金,有助于彰显国有企业为全体人民所有,国有企业发展成果由全体人民共享,进一步保障和改善民生;有助于促进养老保险制度的"老人""中人""新人"代际之间的公平,有效地规避因实施视同缴费年限所造成的养老保险基金的缺口,避免以加税、提高养老保险基金的缴费率等途径,加重后代人的负担;划转还有助于深化国企改革,促进健全完善现代公司制度,推动国有资本结构多元化,进一步健全公司法人治理结构,进而做强做优做大国有资本,实现国有企业发展成果,更多地增进民生福祉。

党的十九大报告提出,要进一步加强社会保障体系建设,推动全民参保,尽快实现基本养老保险基金的全国统筹。划转国有资本充实社会保障基金,是促进国有资本发展壮大的强心剂,是实现养老金连续增长的重要依托,是完善基本养老保险制度的必要环节,是进一步加强社会保障体系建设的重要内容。为此,划转需注意以下几个方面。

第一,国资划转充实社会保障要深入贯彻"共享"发展理念。划转的方案及其细则,既要有科学性,又要有可行性,还要有助于养老保险制度的健康和平稳发展。现有的国资收益主要留存于企业本身,少部分用于上缴财政,应该更多地用于社会保障等民生福祉。同时,还要进一步厘清国资收益上缴和划转充实社会保障基金之间的关系,国有资本的规模在一定时间内是有限度的,因此,国家之前出台的逐步提高国资收益上缴财政的比例达到30%,可能与划转充实基金存在悖论,要充分处理好两者之间的关系,更多地充实社会保障基金等以促进社会保障和民生事业发展。要坚持国有资本的全民共享,实现以划促转,以划惠民。通过国有资本划转,促进国有企业深化改革;通过国有资本划转,提升人民福利和社会保障水平。

第二,国资划转充实社会保障要有助于解决新时代我国养老保险基金面临的主要矛盾。老龄化高峰期的基金缺口,是新时代我国养老保险基金面临的主要矛盾,国资划转充实社保有助于缓解甚至解决人民群众日益增长的养老需要和养老保险基金不平衡不充分发展之间的矛盾。养老保险基金最主要的作用,就是满足城镇职工和城乡居民在达到法定退休年龄后的基本的养老需要。同时,也为全社会的参保人员,提供可以预见的养老"安全阀"。国资划转弥补社会保障基金,既可以保障和提高老年人口的生命和生活质量,又可以降低其子女和家人的经济压力。故,国有资本划转充实社会保障基金,能够有效满足人们对养老的需要。

第三,国资划转充实社会保障基金还有助于保障社会公平。党的十九大报告指出要实现老有所养、老有所医、老有所乐,这些都要建立在有充分的养老保险基金的基础上。国资划转充实社会保障基金有利于保障社会公平,表现在一是实现城镇职工养老保险和城乡居民养老保险参保人员和领取人员之间的公平,特别是社会统筹部分的基本或基础养老金,可以因国资划转充实社会保障基金逐步实现计发标准的逐渐统一;二是实现不同地区之间的公平,国资划转充实社会保障基金有助于平衡经济发达地区与经济欠发达地区之间在缴费基数、缴费率、计发标准方面的差异,最终实现我国养老保险制度的统一和公平,更好地满足老年人口日益增长的美好养老需求。

以下从法律、技术、市场、社会和人才层面,提出划转国有资本充实社会保障基金的政策措施。

9.1　法律层面——健全划转的法律法规及风险预警体系

完善的法律制度是我国划转国有资本充实社会保障基金有效、规范运行的基本保障,我国应该建立更加完善的法律规范,确保划转国有资本充实社会保障基金有法可依、有法必依、违法必究。

9.1.1　建立健全划转的法律体系

首先,应该在建设现代法治国家的理念下,推动完善划转国有资本充实社会保障基金的体制立法,不断提高划转国有资本充实社会保障基金的立法层次。在符合经济社会发展客观规律的前提下,立法机关制定划转国有资本充实社会保障基金的法律、法规和规章制度,能够不断适应划转国有资本充实社会保障基金的需要,促进划转国有资本充实社会保障基金工作的全面、协调、有序发展。还要坚持中央和地方双轨驱动,重视地方划转国有资本充实社会保障基金的法律规范建设,建立健全地方法律体系。对于国家已有的划转国有资本充实社会保障基金的相关的法律规范,要加大执行力,对于个别省份已经实行或试行的划转国有资本充实社会保障基金的立法模式,要及时进行总结和借鉴。

其次,要以监管立法为补充,健全划转国有资本充实社会保障基金监管的法律体系。积极推进划转国有资本充实社会保障基金的监督管理的立法建设,进一步修改完善《社会保障基金条例》相关内容,为推动完善划转国有资本充实社会保障基金,寻求法律上的监管支撑。同时,还要尽快启动《社会保障基金条例》中与划转国有资本充实社会保障基金相关的国家层面的配套法律规范,建立健全划转国有资本充实社会保障基金的监督管理、划转国有资本充实社会保障基金预算制度。各省份要根据本地实际情况,加快制定地方性的划转国有资本充实社会保障基金监管的法律规范,积极促进完善地方的划转国有资本充实社会保障基金的监管体系。另外,还需要建立健全划转国有资本充实社会保障基金的全流程监督管理的立法,及时梳理和分析国资划转监管的有效经验和教训,同步完善划转国有资本充实社会保障基金各个阶段的政策。进一步规范监督管理的途径和模式,积极探究和实践分流程、分类别监督管理,建立划转国有资本充实社会保障基金的问责机制,提升划转国有资本充实社会保障基金的监管力度和水平。

最后,不断完善划转国有资本充实社会保障基金的立法流程,增强执法的针对性。要合理规划划转国有资本充实社会保障基金的立法流程,进一步健全和完善划转国有资本充实社会保障基金的法律规范的草拟、初核、听证和评议流程,不断提升划转国有资本充实社会保障基金法律规范的质量。进一步梳理与划转国有资本充实社会保障基金相关的法律规范,形成立、改、废同步进行的良好局面。不断强化国资划转法律规范的执行力度,逐步实施划转国有资本充实社会保障基金法律规范施行后的评估,保障划转国有资本充实社会保障基金的法律规范的真正落实。

9.1.2　建立完善的风险预警预报机制

建立基金风险预警防范机制,将划转后的养老保险基金的投资运营和保值增值纳入法制化轨道,是养老保险基金承接划转的国有资本后运营管理中不容忽视的一部分。完善的基金风险预警防范机制,是养老保险基金安全运营有效的法治保障,是养老保险基金风险防范机制的法治基础。

首先,要提升风险管控的立法层次,增强规范效力和约束效力。通过出台相关的法律规范,明确划转之后的基金运营管理的风险防控机制,建立和健全预警预报制度。为保障划转后的国有资本安全合理地运行,养老保险基金管理以及监管部门,应第一时间提供基金的预警预报,以便相关政府部门及时进行应对。另外,还应当建立健全基金运营的风险评估制度。

其次,要建立划转国有资本充实社会保障基金各主体之间的数据库互联互通。这不仅使得划转国有资本后的养老保险基金的信息可以在不同的主管机构间连通,还有助于从整体上掌控基金的运营状况。要及早建立反欺诈机制,严格防范养老保险基金运营过程中的内外部欺诈行为,及时明确运营过程中的欺诈行为、处罚原则和条件、处罚方式和手段等。

最后,要建立养老保险基金计算机网络反馈系统。要构建起全时段的基金运营管理的预警反馈系统,对养老保险基金进行科学、合理、有预见性的调控,通过收集与分析数据资料,及时做出有效的防范措施,使风险和损失降到最低。为了达到长期监控基金风险的目的,还应当将日常监控与长期监督动态有机地结合起来,通过日常风险监控的收集,为长期风险预判做足准备。

9.2　技术层面——建立划转的智能化信息平台

以互联网、大数据、云计算为支撑,建立全国统一的划转国有资本充实社会保障基金的信息平台,构建国有资本划转新格局,提出解决当前国有资本划转的新路径,确保划转国有资本充实社会保障基金的公平、公开、公正。

9.2.1　清核国有企业国有资本数据

翔实的央企和省级所属地方国企的数量和国有资本数据,是进行划转国有资本充实社会保障基金信息化管理工作的前提和基础。要认真、扎实开展国有企业和国有资本的清核工作,做到国有资本数据资料的客观、准确和全面。要切实做好相关国有资本数据的登记造册工作,强化核算工作的内外部监督管理,确保核算工作的平稳、有序进行,为进一步实现划转国有资本充实社会保障基金工作的信息化管理,奠定坚实的数据基础和划转依据。

9.2.2　建立全国统一的划转国有资本充实社会保障基金的信息化平台

在新一代信息技术迅速发展的时代背景下,在国有资本数据清核的基础上,充分运用互联网、大数据和云计算,分析、研究、制订具体的国有资本划转解决方案,以大数据和云计算构建国有资本划转新格局。通过公开招标引导和扶持专门的企业,建立一个强大、统一、标准化、具有公信力的划转国有资本充实社会保障基金的信息化平台,避免重复搭建碎片化的信息化平台,同时为中央和地方国有企业服务,实现国有资本高效、规范、安全、透明划转。

9.2.3　充分运用人工智能技术促进划转国有资本充实社会保障基金

新一代人工智能时代已经到来,人工智能具有交互性、便利性、智能化等技术优势。划转国有资本充实社会保障基金工作应该充分运用人工智能技术,在打造信息化平台的基础上,运用计算机视觉、自动语音识别、深度学习等技术,打造智能化的划转国有资本充实社会保障基金的平台和体系,进一步节约划转国有资本充实社会保障基金工作的人工成本,降低划转工作中人为因素的影响,提高划转国有资本充实社会保障基金工作的准确性和科学性。

9.3　市场层面——促进划转国有资本的保值增值

9.3.1　完善资本市场建设,加强承接划转后的养老保险基金的保值增值

要进一步加强资本市场的法治建设,让整个资本市场的运营有法可依,不仅国家层面的立法要稳步加强,各省份的资本市场运营立法,也要提上日程,为承接国有资本划转的养老保险基金的运营,创造稳定和谐的外部市场条件,同时也为基金的发展提供投资领域。

9.3.2　健全多层次资本市场体系,为承接划转国有资本后的养老保险基金,提供完善的外部市场环境和条件

目前,我国现有的资本市场规模和途径还不是很理想,养老保险基金投入其中难以获得较高收益。逐步扩大市场规模,发展多层次的资本市场,才能让养老保险基金获得更多的投资方向。要根据我国目前的国情,构建和完善多层次资本市场框架体系,为划转国有资本充实社会保障基金提供更好的条件,同时鼓励各个层次间的良性竞争。

9.3.3　逐步放开养老保险基金投资渠道,进行组合投资

根据风险和收益呈正比的经济学原理,进一步扩大基金的多样性、多领域投资,在存款、投资国债的基础上,组合式投资部分股票和债券。积极拓宽投资渠道,各省级和全国养老保险基金管理和投资机构,可以在专业投资人员的支持下,将基金分别投入不同的投资品种,从而降低基金风险,实现承接划转的养老保险基金的收益的可持续发展。

9.4 社会层面——健全划转的监督管理体系

制定国资划转的信息公开制度,建立划转的全流程监管体系,利用全国统一的划转国有资本充实社会保障基金的信息共享平台,全面、及时、准确地公开国有资本划转的信息,规范国有资本划转行为和划转流程,保障社会大众的知情权、参与权和监督权。

9.4.1 制定监管的实施细则

要进一步明确划转国有资本充实社会保障基金的监管对象,明确监管的地位和作用,细化监管的实施形式,从而确保划转国有资本监管工作与养老保险法制建设的同步进行。进一步健全完善监管的具体内容,包括监管实施主体、监管实施范围、监管经费保障、监管评价和反馈等,切实做到让监管有章可循,从而提高监管效果的针对性和实效性,推动监管的全周期进行。

9.4.2 全面落实监管划转国有资本充实社会保障基金的职责

要加强与地方党委、政府的沟通联系,督促各地依法落实应划转的国有资本的国有企业享有资产收益、合理的责任和权利。做好与巡视、监察的协调,争取实现在全国划转国有资本充实社会保障基金统一监管的条件下,鼓励部分省份对本地划转国有资本充实社会保障基金的企业进行监督。

9.4.3 提高划转后基金信息的透明化水平

在承接划转之后,基金在运营过程中,有大量的养老保险基金信息涌入,这些信息的运用,对提高划转后国有资本的运用效率有着重要作用。在此过程中,要充分利用现代信息化技术来拓展养老保险基金的信息传播途径,不仅形成信息输出方与接收方之间的良好传播途径、传播模式,还应该拓宽传播渠道,建设透明的养老保险基金信息制度,以此确保公众的信息权利。

9.4.4 加强分类推进划转国有资本充实社会保障基金各项步骤的指导

要在缺口调查、测算、国有资本收益、国有企业原股东资产净值合计等方面,分别进行指导和监督,规范重大事项管理。整合有关工作事项,提升划转国有资本充实社会保障基金监管的工作效能。在加强中央对划转国有资本监管的同时,加强地方管理部门对划转国有资本充实社会保障基金的直接监督。要依法界定划转国有资本的出资人监管的权责,对缺乏法律法规依据的监管事项,应该取消或授权(周丽莎,2017)。

9.4.5　逐步健全监督工作机制

要完善组织体系,在中央和省级建立划转国有资本充实社会保障基金的监督工作领导小组,明确领导责任和工作职责。要以推动完善划转国有资本充实社会保障基金的监管体制指导地方国企划转国有资本充实社会保障基金为重点,组织落实各项监管工作任务,保障划转国有资本充实社会保障基金平稳顺利地进行。在社会层面,要努力形成全社会共识,全面、及时、准确地公开划转信息,保障社会大众的知情权和监督权,促进划转的平稳有序进行。

9.5　人才层面——构建划转的专业人才队伍

划转国有资本充实社会保障基金是一项系统工程,从学科知识上来说,涉及人口学、经济学、社会学、法学、管理学、会计学、系统科学等诸多学科;从划转的工作体系来说,从核算、划转、变更、承接,再到投资运营、保值增值,流程纷繁复杂。因此,要特别重视培训和培养国资划转充实社会保障基金的专业技术人才,组建一批懂技术、会管理、善经营的"三位一体"的人才队伍,为划转工作提供坚实的智力支撑和人才保障。

9.5.1　培训相关职能部门的现有业务人员

划转国有资本充实社会保障基金涉及财政部门、国资监管部门、财政部门、人社部门、社会保障基金理事会等,这些机构的现有工作人员,有可能是最早接触国资划转充实社会保障基金的工作人员,部分工作人员已经初步具备了一定的专业知识,但不全面、不系统,应当对其开展定期或不定期的集中培训,通过邀请专家讲座、知识咨询、课堂学习等脱产、半脱产或在职的业余培训,进一步丰富和完善关于国资划转充实社会保障基金的专业知识储备和相关技术要求。

9.5.2　在高校开设划转国有资本充实社会保障基金课程或专业

划转国有资本充实社会保障基金是一项长期工程,涉及资金量比较庞大,对综合性多学科知识要求高,划转流程复杂,因此,有必要以高校为平台,设置相关专业,如"划转国有资本充实社会保障基金"专业,或者开设专门的划转国有资本充实社会保障基金课程,专门培养划转国有资本充实社会保障基金的专门人才,通过专门和系统的知识学习,辅之必要的产学合作实习或践习,为划转国有资本充实社会保障基金培养出可以胜任的一批青年才俊。这样,可以从根本上缓解划转国有资本充实社会保障基金人才短缺的问题,为划转国有资本充实社会保障基金奠定更加坚实的人才队伍基础,从根本上保障划转国有资本充实社会保障基金的有序、顺利进行。

9.5.3　适当购买第三方人才服务

在有必要时,也可以通过政府购买公共服务的方式,请第三方的专业机构为划转国有资本充实社会保障基金工作提供必要的人才队伍支撑。一些会计师事务所、审计事务所、律师事务所,都拥有一定的专业技术人才,在各方面条件允许的情况下,可以进行先期试点,通过公开招投标,遴选第三方机构的专业人才,为划转国有资本充实社会保障基金提供相关服务。如果试点效果较好,还可以在不同层面进行推广,形成划转国有资本充实社会保障基金的人才队伍的必要的补充力量。

第 10 章
主要结论与研究展望

本书的主要研究结论和展望如下。

10.1　主要结论

本书探析了划转国有资本充实社会保障基金的理论基础,构建了需求侧和供给侧的分析框架;预测了我国未来的人口变动趋势,测算了未来我国老龄化高峰期的养老保险基金的收支缺口;构建了系统动力学模型,测算出了划转国有资本充实社会保障基金的最优划转比例,并通过模拟仿真分析,探究了最优划转比例的科学性与合理性,提出了划转国有资本充实社会保障基金的四种实施路径,特别是测算出了全国社会保障基金承接央企划转后可以补充调剂给各省份的划转系数;最后提出了相应的政策建议。主要研究结论如下。

第一,充实社会保障基金的中国模式,主要内容包括社会基础、筹资来源、组织形式和运行机制四个方面。划转国有资本充实社会保障基金经历了 20 多年的探索历程,并非是一时应急之举,划转的试点、推广和完成,还需要更长的一段时间,划转完成后,其收益还将长期用于弥补养老保险基金缺口,充实社会保障基金。"划转国有资本充实社会保障基金的中国模式"的内涵,是在人口老龄化加速发展、养老保险基金负担加重的背景下,根据相关法律规范的规定,在政府的主导下,通过划转国企的部分国有资本,弥补和充实社会保障基金的缺口,形成具有中国特色的完善基本养老保险制度的一种创新模式,是一种具有中国特色的制度创新。充实社会保障基金的中国模式的建立是为了保障老年人的养老需求，具有鲜明的主动性、动态性、可持续性特征。充实社会保障基金的中国模式，具有鲜明的中国特色，庞大的国有资本是充实社会保障基金的中国模式的筹资来源，党委和政府的主导是充实社会保障基金的中国模式的组织形式，发展成果全体共享铸就了充实社会保障基金的中国模式的社会共识，精干高效的科层体系是充实社会保障基金的中国模式的运行机制基础。

第二，未来我国人口规模和结构预测结果显示，在总和生育率为 1.4、1.6、1.8 的不同生育水平下，未来我国总人口数量均呈现先增后降趋势，劳动年龄人口比重持续下降，老年人口比重持续增长。在总和生育率 1.4 水平下：总人口数量在预测期间，呈先升后降趋势，少儿人口和劳动年龄段人口持续下降，老年人口数量呈上升趋势。其中，我国总人口数由 2016 年的 13.83 亿增加到 2026 年的 14.22 亿，然后下降至 2050 年的 12.76 亿（不考虑迁移人口）。劳动年龄段人口由 2016 年的 10.03 亿下降至 2050 年的 7.81 亿，劳动年龄段人口占总人口的比重由 72.52％下降至 61.17％；老年人口总数由 2016 年的 1.50 亿上升到 2050 年的 3.16 亿，占总人口比重由 10.84％上升至 24.77％。少儿人口总数由 2016 年的 2.30 亿下降至 2050 的 1.79 亿，比重从 16.64％下降至 14.06％。

在总和生育率 1.6 水平下：总人口数量在预测期间，呈先升后降趋势，劳动年龄段人口持续下降，老年人口数量呈上升趋势。其中，我国总人口数由 2016 年的 13.83 亿增加到 2029 年的 14.47 亿，然后下降至 2050 年的 13.52 亿（不考虑迁移人口）。劳动年龄段人口由 2016 年的 10.03 亿下降至 2050 年的 8.21 亿，劳动年龄段人口占总人口的比重由 72.52％下降至 60.72％；老年人口总数由 2016 年的 1.50 亿上升到 2050 年的 3.16 亿，占总人口比重由 10.84％上升至 23.38％。

在总和生育率 1.8 水平下：总人口数量在预测期间呈先上升后下降的趋势。其中，我国总人口数由 2016 年的 13.83 亿增加到 2032 年 14.77 亿，之后下降至 2050 年的 14.32 亿。少儿人口数由 2016 年的 2.30 亿增加到 2050 年的 2.53 亿，少儿人口比重由 2016 年的 16.64％上升到上升到 2050 年的 17.70％；劳动年龄段人口数量由 2016 年的 10.03 亿下降至 2050 年的 8.62 亿，劳动年龄段人口比重 2016 年的 72.52％下降至 2050 年的 60.22％；老年人口数量由 2016 年的 1.50 亿增加到 2050 年的 3.16 亿,占总人口比重由 10.84％上升到 22.09％。

到 2050 年,在总和生育率为 1.4 的情况下,少儿人口、劳动年龄人口、老年人口的比重分别为 14.06％、61.17％、24.77％;在总和生育率为 1.6 的情况下,少儿人口、劳动年龄人口、老年人口的比重分别为 15.90％、60.72％、23.38％;在总和生育率为 1.8 的情况下,少儿人口、劳动年龄人口、老年人口的比重分别为 17.70％、60.22％、22.09％。

第三,在模型认定的数值的预测期间内,我国城镇职工养老保险基金和城乡居民养老保险基金将分别在 2039 年和 2023 年收不抵支,出现缺口。在预测期间内,我国城镇职工养老保险基金的收入、支出呈现持续增长态势。2016—2038 年,基金的结余逐年减小,在 2039 年基金收不抵支,出现缺口。基金支出的动态变化,源于老龄化高峰期退休年龄人口的持续增加和养老金的连年增长,不断带动基金支出的持续增长。在预测期间内,我国城乡居民养老保险基金收入、支出均呈现缓慢下降趋势,城乡居民养老保险基金由结余转为缺口。基金收入由 2016 年的 488.22 亿元下降至 2050 年的 374.28 亿元;基金支出由 2016 年的 1264.58 亿元下降至 2050 年的 969.44 亿元;基金结余在 2016 年为 4 592.30 亿元,基金结余逐渐下降,到 2023 年出现负值,2023 年基金缺口为 628.79 亿元,到 2050 年基金缺口为 18 116.90 亿元。

第四,在总和生育率为 1.6 的高生育水平下,划转国有资本充实社会保障基金的最优比例为 8％,在总和生育率为 1.4 的低生育水平下,划转国有资本充实社会保障基金的最优比例为 14％。因此,在其他因素保持不变的情况下,划转国有资本充实社会保障基金的比例在 8％～14％的区间内是最优的,能够弥补未来我国养老保险基金的缺口,并使养老保险基金保持稳定的增长态势。通过系统动力学模拟仿真分析,在总和生育率为 1.4 的生育水平下,按照 14％的划转比例,划转国有资本后养老保险基金的结余,实现稳定的增长态势,到 2050 年,达到 36.73 万亿元的结余;在总和生育率为 1.6 的生育水平下,按照 8％的划转比例,划转国有资本后养老保险基金的结余到 2050 年达到 29.59 万亿元,保持稳定增长的态势,表明测算出的划转比例有较强的科学性与合理性。

第五,划转国有资本充实社会保障基金涉及的各利益相关主体之间,存在着博弈关系，一方面有着必须合作的关系，另一方面也存在着一定的冲突。而在这几大主体之间，除了国有企业和国资监管部门属于明显利益共同体以外，国资监管部门、国有企业、证监部门属于合作博弈；财政部门、人社部门、领取养老金的老年人以及社保基金理事会，属于合作博弈。因此，划转国有资本充实社会保障基金，可能会对我国的经济社会发展产生两方面的影响：一方面，由各方合作带来的促进；另一方面，还有博弈带来的反作用，会对划转国有资本造成一定的影响，必须采取相关措施来防范这些博弈的不利影响。

第六，划转国有资本充实社会保障基金，须遵循四项原则：① 坚持"共享"发展理念，主管部门加强协同；② 建立健全两级管理机构，实行央地分级划转；③ 坚持划转总规模与养老保险基金总缺口对应，分步骤划转；④ 区分国有资本属性，按比例划转。国有资本划转，还要规范划转原则，坚持省级自行平衡为主、国家调剂为辅、全国适度统筹为补充。要加强对省份国有资本划转的管控和指导，综合考虑各个主体的发展需要，确定具体划转比例，引导国有资本划转额度分配使用，优先支持中西部地区养老保险基金发展。

划转国有资本充实社会保障基金有四种实施路径：分类型（按国有企业类型分类）划转、分阶段（按三步走战略分步）划转、分空间（按经济地理空间分地区）划转、全国社会保障基金对不同地区的补充划拨路径。测算了全国社会保障基金在承接央企划转的国有资本后，给予不同地区的补充划拨系数，可以按照该划拨系数对不同省份进行补充。根据测算结果，给予黑龙江的补贴划拨系数最高，达到26.56%。根据划转方案，全国社保基金理事会持有的国有资本划转额度，建议按照26.56%的比例划拨补充给黑龙江省。其余划拨系数在3%以上的：新疆兵团为7.81%、青海为4.58%、吉林为4.5%、辽宁为4.22%、河北为4.09%、天津为3.24%、陕西为3.16%、湖北为3.09%、内蒙古为3.05%。划拨系数在2%~3%的：海南为2.8%、江西为2.6%、广西为2.51%、河南为2.18%、上海为2.11%。划拨系数在1%~2%的：重庆和甘肃均为1.97%、湖南为1.88%、宁夏为1.84%、四川为1.64%、山东为1.48%、福建为1.43%、安徽为1.22%、江苏为1.2%、贵州为1.19%、浙江为1.18%、山西为1.1%、云南为1.05%。而划拨系数在0~1%的，广东最低，为0.48%；北京次之，为0.67%；西藏为0.81%，新疆为0.85%。

第七，为了保障划转的平稳、规范和可持续发展，要在立法层面、技术层面、市场层面、社会层面等推出相关措施。在立法方面,要建立健全划转国有资本充实社会保障基金的法律规范及风险防范体系,确保划转国有资本充实社会保障基金有法可依、有法必依、违法必究。在技术层面,要清核国有企业国有资本数据,为划转国有资本充实社会保障基金的信息化管理奠定数据基础;要利用互联网、大数据、云计算,建立划转国有资本充实社会保障基金的统一的智能化信息化平台,智能化推进划转国有资本充实社会保障基金的开展,探究划转国有资本充实社会保障基金的有效新路径。在市场层面,要促进国有资本和养老保险基金保值增值,完善资本市场法制和体系建设,要进一步理顺产权关系,明确产权责任。在社会层面,要努力形成社会共识,完善划转国有资本充实社会保障基金的社会监督体系,要制订划转国有资本充实社会保障基金的信息公开制度,全面、及时、准确地公开国有资本划转信息,规范国有资本划转行为和流程,保障社会大众的知情权、参与权和监督权。在人才层面,要加强培训现有相关部门业务人员的知识水平、操作能力;同时,要在部分高校开设划转国有资本充实社会保障基金的相关课程甚或开设相关专业,系统培养划转国有资本充实社会保障基金的全方面人才;还可以通过政府购买公共服务的方式,借力第三方机构的人才队伍,助力划转国有资本充实社会保障基金的人才保障。

10.2　研究展望

划转国有资本充实社会保障基金的优化路径研究,是一项纷繁复杂的系统工程。本书划转国有资本充实社会保障基金的最优比例测算,是基于延迟退休政策下的测算,随着我国人口老龄化严峻形势的加剧,未来也有可能进一步放开生育政策。虽然进一步放开生育政策,也不会导致人口规模和结构产生大的变动,测算的最优划转比例和区间也会保持基本稳定,但届时还是可以根据生育政策的调整、总和生育率的变动,以及经济社会发展形势,进一步地动态研究划转的比例和区间。

同时,在划转国有资本充实社会保障基金的过程中,如何最大限度地确保省一级划转国有资本充实社会保障基金方案的科学合理、划转国有资本充实社会保障基金路径的切实可行、划转国有资本充实社会保障基金过程的公开透明、划转国有资本充实社会保障基金结果的客观公正等，需要更进一步深入研究。未来还要在现有划转方案试点的基础上，进一步研究如何优化地方划转的实施步骤，省级地方政府如何制定出因地制宜的划转步骤等。

此外，划转国有资本充实社会保障基金所存在的省际差异问题，以及在人口和经济新常态下如何实现中央调剂和全国社会保障基金对不同省份的补充划拨的效率与公平，将会成为未来研究的热点。

参考文献

中文文献

［1］ 部分国有资产划转全国社保基金问题研究课题组.部分国有资产划转全国社保基金问题研究[J].经济研究参考,2006(59)：24－48.

［2］ 蔡昉.促进人口均衡发展[N].经济日报,2015－11－12.

［3］ 蔡晓珊,陈和.基于人口老龄化视角的我国基本养老保险基金缺口及应对措施[J].探求,2016(4)：74－83.

［4］ 曹冬梅,辜胜阻,郑超.当前国有资产管理与国有企业改革研究[J].中国科技论坛,2015(7)：94－99.

［5］ 曹清华.城镇职工基本养老保险政府财政责任的优化[J].河南大学学报(社会科学版),2018,58(1)：30－36.

［6］ 常根发,郑毅成.国有股减持：失败原因及对策[J].现代管理科学,2002(11)：57－58.

［7］ 陈宏.构建地方政府转变经济发展方式的驱动机制[J].现代经济探讨,2011(4)：25－26.

［8］ 陈黎明,宫惠晗,雷小艳,等.工资增长与CPI挂钩吗——基于中国统计数据的实证研究[J].统计与决策,2010(16)：97－100.

［9］ 陈玲芳,邓理洁.民生导向下国资经营预算支出绩效评价与监管探析[J].财会月刊,2018(5)：44－48.

［10］ 陈宁.全面二孩政策实施对我国人口老龄化的影响研究[J].华中科技大学学报(社会科学版),2017,31(2)：96－103.

［11］ 陈卫,靳永爱.中国妇女生育意愿与生育行为的差异及其影响因素[J].人口学刊2011(2)：3－13.

［12］ 陈卫.国际视野下的中国人口老龄化[J].北京大学学报(哲学社会科学版),2016,53(6)：82－92.

［13］ 陈卫.人口转变理论述评[J].中国人口科学,1999(5)：53－54.

［14］ 陈希,刁节文.上海市人均GDP对职工平均工资的影响实证研究[J].科技和产业,2017,17(10)：51－55.

［15］ 陈杏根."后股改时代"划拨国有股充实社会保障基金实证研究[J].地方财政研究,2007(5)：28－33.

[16] 陈艳利,姜艳峰.国有资本经营预算制度、过度负债与企业价值创造[J].财经问题研究,2017(2)：43-51.

[17] 陈怡璇.山东三成国资划转社保[J].上海国资,2015(5)：34-37.

[18] 陈友华.关于人口老龄化几点认识的反思[J].国际经济评论,2012(6)：110-123.

[19] 崔开昌,丁金宏.划转国有资本充实社会保障基金问题探究[J].中国特色社会主义研究,2016(5)：25-31.

[20] 崔开昌,汪泓,任慧霞,等.基于养老金缺口的划转国有资本充实社会保障基金研究——以上海市为例[J].中国老年学杂志,2016,36(12)：3018-3023.

[21] 戴根有.家庭储蓄影响因素分析[J].财贸研究,1991(1)：33-41.

[22] 戴建兵.我国人口老龄化程度以及老年人口量与质的实证分析：基于"四普"、"五普"和"六普"数据[J].兰州学刊,2017(2)：148-157.

[23] 党俊武.关于我国应对人口老龄化理论基础的探讨[J].人口研究,2012,36(3)：62-67.

[24] 丁怡,邓大松.构建我国基本养老保险基金投资最低收益担保制度的思考[J].湖北社会科学,2016(4)：106-111.

[25] 董登新.国有资本划转七大举措细节分析[N].中国劳动保障报,2018-01-26(003).

[26] 董登新.应对养老金缺口：美国经验及启示[N].中国劳动保障报,2018-02-06(003).

[27] 董克用,张栋.高峰还是高原？——中国人口老龄化形态及其对养老金体系影响的再思考[J].人口与经济,2017(4)：43-53.

[28] 董新红.浅析社保基金的投资运营和风险控制[J].会计师,2015(20)：25-26.

[29] 杜复民.对我国社保基金安全、保值与增值管理的探讨[J].财经界(学术版),2018(2)：139.

[30] 杜坤.国有资本经营预算衔接法律机制的构建[J].武汉大学学报(哲学社会科学版),2017,70(1)：36-49.

[31] 杜鹏,王武林.论人口老龄化程度城乡差异的转变[J].人口研究,2010,34(2)：3-10.

[32] 杜鹏.科学应对人口老龄化的重要规划[N].中国老年报,2017-05-10(002).

[33] 段成荣,程梦瑶.深化新时代人口迁移流动研究[J].人口研究,2018,42(1)：27-30.

[34] 段成荣,刘涛,吕利丹.当前我国人口流动形势及其影响研究[J].山东社会科学,2017(9)：63-69.

[35] 封进.人口转变、社会保障与经济发展[M].上海：上海人民出版社,2005：123-135.

[36] 冯辉.我国养老金筹集和投资管理机制的改革及法律对策：以利益平衡与风险控制为中心[J].政治与法律,2014(6)：20-35.

[37] 傅鸿翔.社保基金行政监督检查成果运用的现状、问题与思考[J].中国医疗保险,2018(1)：28-31.

[38] 高奥,龚六堂.国有资本收入划拨养老保险、人力资本积累与经济增长[J].金融研究,2015(1)：16-31.

[39]　高奥,龚六堂.国有资本收入划拨养老保险下的经济转型研究[J].浙江社会科学,2015(10)：4-18,155.

[40]　高奥,谭娅,龚六堂.国有资本收入划拨养老保险、社会福利与收入不平等[J].世界经济,2016,39(1)：171-192.

[41]　高建伟,伊茹.延迟退休对缩减养老保险基金缺口的贡献率测算[J].统计与决策,2018(4)：58-63.

[42]　高柯.国有股划转对社会保障基金投资行为的影响研究[D].郑州：郑州大学,2014：8-9.

[43]　耿晋娟.中国基本养老保险基金收支不平衡现状分析[J].江西财经大学学报,2014(6)：68-76.

[44]　龚锋,余锦亮.人口老龄化、税收负担与财政可持续性[J].经济研究,2015,50(8)：16-30.

[45]　谷明淑,刘畅.我国养老保险基金投资组合策略研究[J].经济学动态,2013(7)：57-64.

[46]　郭晋晖.划转部分国有资本充实社保基金[N].第一财经日报,2015-10-30(A04).

[47]　郭灵凤.瑞典公共养老金模式的嬗变：结构改革与参数因素[J].欧洲研究,2017,35(5)：60-71.

[48]　郭永赋.我国社保基金管理问题及对策探析[J].企业改革与管理,2016(7)：5-6.

[49]　韩枫.人才市场发展过程中地方政府行为研究——以四川省人才市场发展为例[D].成都：四川大学,2007.

[50]　韩烨,韩俊江.从制度赡养率看我国养老保险基金发展面临的挑战[J].经济纵横,2013(5)：86-90.

[51]　何冬梅.中国养老保险基金最优投资组合策略研究——基于财政养老保险基金缺口的视角[J].西部经济管理论坛,2017,28(3)：83-89.

[52]　何国安.社会、企业及个人工资增长率的研究[J].中外企业家,2013(15)：71-73,78.

[53]　洪大用.共享发展：积极应对农村人口老龄化[N].中国社会科学报,2016-12-07(006).

[54]　胡继晔.划拨国有股充实社保基金的理由和方法[N].中国经济时报,2003-05-09.

[55]　胡继晔.划转部分国有资本充实社保基金的缘由与路径[N].学习时报,2018-03-02(002).

[56]　胡继晔.三谈划拨国有股充实社保基金的理由和方法[N].中国经济时报,2006-11-23(005).

[57]　胡继晔.四谈划转国有股充实社保基金的理由和方法[N].中国经济时报,2007-11-05(005).

[58]　胡继晔.养老金融：理论界定及若干实践问题探讨[J].财贸经济,2013(6)：43-52.

[59]　胡绍雨.应对人口老龄化的我国养老保障制度研究[J].新疆财经大学学报,2016(4)：19-26.

[60]　胡士庆.社保基金财务管理风险及其把控研究[J].经济师,2017(6)：103-104.

[61]　胡书东.社会保障制度的建设与国有股、法人股上市流通[J].管理世界,2001(4)：

36 - 42.

[62] 黄浩.划拨国有股充实社保基金研究[J].科技经济市场,2009(6):75 - 78.

[63] 黄浩.划拨国有股充实社保基金研究[J].科技经济市场,2009(6):75 - 78.

[64] 黄贞.延迟退休政策下我国养老保险基金管理与审计监督研究[J].企业研究,2018(1):50 - 52.

[65] 加里·贝克尔.人类行为的经济分析[M].王业宇,陈琪,译.上海:上海人民出版社,2008:321.

[66] 江玉荣.养老保险基金投资监管模式的国际发展及对我国的启示[J].学术界,2013(1):205 - 214.

[67] 金博轶,闫庆悦.养老保险统筹账户收支缺口省际差异研究[J].保险研究,2015(6):89 - 99.

[68] 金刚.国有资产充实养老保险基金研究[J].经济体制改革,2009(6):147 - 152.

[69] 金维刚.开创新时代社会保障改革与发展的新局面[N].中国劳动保障报,2018 - 01 - 12(004).

[70] 柯武刚,史漫飞.制度经济学社会秩序与公共政策[M].韩朝华,译.北京:商务印书馆,2000:100 - 394.

[71] 肯·宾默尔.博弈论教程[M].谢识予,等译.上海:格致出版社,2010:1.

[72] 匡小平,陈工,杨燕英,等.划转国有资本进社保:如何监管?[J].财政监督,2018(2):41 - 51.

[73] 雷光,崔良峰,陈艳红,等.我国养老保险基金运营效率分析[J].黑龙江八一农垦大学学报,2016,28(3):142 - 147.

[74] 李红艳,皇甫慧慧.我国基本养老保险基金风险分析研究[J].江苏科技信息,2018,35(1):75 - 77.

[75] 李佳.我国社保基金投资收益与风险的宏观影响因素分析:基于 VAR 模型的实证研究[J].价格理论与实践,2014(5):94 - 96.

[76] 李建秋.国有资产股权划转养老保险基金的效应分析[J].福建农林大学学报(哲学社会科学版),2016,19(4):91 - 96.

[77] 李建新,王小龙.人口生育政策变迁与初婚风险——基于CFPS2010 年调查数据[J].人口学刊,2017,39(2):18 - 27.

[78] 李兰永,刘媛.人口老龄化:特征、成因及对策研究[J].山东社会科学,2013(12):31 - 35.

[79] 李丽琴,陈少晖.国有资本经营预算民生支出的优度检验——基于适度普惠型社会福利视角[J].福建师范大学学报(哲学社会科学版),2015(2):31 - 37,167.

[80] 李素英,贾佳美.我国社保基金会计核算建议[J].合作经济与科技,2016(19):160 - 161.

[81] 李伟艰.新型农村养老保障[J].广东财政与实务,2012(8):32 - 33.

[82] 李小年,朱亮,颜晨广.国外养老保险基金信托经验及其启示[J].上海金融学院学报,2013(6):88 - 94.

[83] 李扬.国家资产负债表的治理信号[N].上海证券报,2013 - 12 - 26(A01).

[84] 李有华,马忠,张冰石.构建以管资本为导向的新型国有资本监督考核体系[J].财会

月刊,2018(5)：32 - 39.

[85]　李志明.企业职工基本养老保险中的责任分配[J].行政管理改革,2015(1)：38 - 42.

[86]　李中秋,马文武,李梦凡.我国人口老龄化的经济效应：来自省级面板数据的证据[J].人口与发展,2017,23(6)：26 - 35.

[87]　理查德·A.马斯格雷夫,佩吉·B.马斯格雷夫.财政理论与实践(第5版)[M].邓子基,邓力平,译校.北京：中国财政经济出版社,2005：102 - 104.

[88]　廖丹.中国企业年金市场发展的现状与问题分析[D].成都：西南财经大学,2014：65.

[89]　林佳彬.国有资本经营预算支出民生化的制约障碍与优化路径[J].石家庄铁道大学学报(社会科学版),2016,10(2)：28 - 33.

[90]　凌文豪,袁双双.关于我国养老基金投资的若干思考[J].平顶山学院学报,2016,31(6)：82 - 88.

[91]　刘安长.国有资本收益向养老保险基金配置的合理性与科学性研究[J].当代经济管理,2016,38(9)：72 - 76.

[92]　刘安长.提高国有资本收益征缴比例的合理性和科学性[J].社会科学研究,2013(5)：87 - 93.

[93]　刘冰.城乡居民养老保险基金管理"疲软"态势的原因与破解路径[J].现代经济探讨,2017(4)：21 - 25.

[94]　刘传江.西方人口转变的描述与解释[J].国外财经,2000(1)：13 - 15.

[95]　刘汉,刘金全.中国宏观经济总量的实时预报与短期预测——基于混频数据预测模型的实证研究[J].经济研究,2011(3)：4 - 17.

[96]　刘华军,何礼伟,杨骞.中国人口老龄化的空间非均衡及分布动态演进：1989～2011[J].人口研究,2014,38(2)：71 - 82.

[97]　刘建平.德国福利国家模式发展对我国的启示——基于责任共担的视角[J].市场论坛,2017(7)：10 - 14.

[98]　刘现伟.以管资本为主推进国企分类监管的思路与对策[J].经济纵横,2017(2)：33 - 39.

[99]　刘晓梅,周扬.日本年金经办服务管理的经验、教训与启示[J].社会保障研究,2017(6)：79 - 88.

[100]　刘学良.中国养老保险的收支缺口和可持续性研究[J].中国工业经济,2014(9)：25 - 37.

[101]　刘永泽,吴作章,陈艳丽.减持国有资本充实社保基金研究——某省社保基金收支预测[J].财政研究,2009(12)：54 - 58.

[102]　刘子兰,肖楚女,甘顺利.养老基金持股与公司绩效[J].社会科学,2018(2)：49 - 61.

[103]　柳如眉,柳清瑞.人口老龄化、老年贫困与养老保障：基于德国的数据与经验[J].人口与经济,2016(2)：104 - 114.

[104]　卢成会,吴丽丽.社会养老保险基金筹资风险的规避研究[J].江汉论坛,2016(3)：17 - 22.

[105] 卢驰文.划转国资充实社保之要义[J].中国经济报告,2018(1)：53-55.

[106] 卢馨,丁艳平,唐玲.从社保基金收支视角看国资预算支出[J].财会月刊,2016 (29)：60-62.

[107] 陆杰华,郭冉.从新国情到新国策：积极应对人口老龄化的战略思考[J].国家行政学院学报,2016(5)：27-34.

[108] 陆万军,张彬斌.中国生育政策对女性地位的影响[J].人口研究,2016,40(4)：21-34.

[109] 吕凯波.公共财政框架下的国有资本经营预算资金配置：专款专用或专款通用[J].经济体制改革,2013(5)：128-131.

[110] 罗毅.基于国有股转持充实社保基金实施办法的研究[J].经济界,2017(2)：36-38.

[111] 骆家駚,李昌振.国有企业改革：分类、设计及实施[J].经济与管理研究,2016,37 (5)：35-40.

[112] 马丁·奥斯本,阿里尔·鲁宾斯坦.博弈论教程[M].魏玉根,译.北京：中国社会科学出版社,2000：56.

[113] 马红梅.德国养老保险基金运营模式与政策借鉴[J].社会科学家,2017(1)：41-45.

[114] 马骏.养老和医疗是我国最大的财政风险[N].证券时报,2012-12-03(A03).

[115] 麦磊,王广亮,顾梦.国有资本投资运营公司与国企改革[J].现代经济探讨,2016 (8)：53-57.

[116] 曼昆.经济学原理[M].梁小民,梁砾,译.北京：机械工业出版社,2003：210-329.

[117] 毛莹莹.基于系统动力学的浙江省可持续发展能力研究[D].杭州：杭州电子科技大学,2011：1-18.

[118] 米红.多支柱社会养老金关联性特征与政策仿真研究[J].清华金融评论,2017 (S1)：84-89.

[119] 苗丽娜.基于系统动力学的金融生态环境评价研究[D].武汉：武汉理工大学,2007：1-80.

[120] 穆光宗,张团.我国人口老龄化的发展趋势及其战略应对[J].华中师范大学学报(人文社会科学版),2011,50(5)：29-36.

[121] 庞杰,王光伟.国有资本净收入对养老保险的最优划拨率——劳动力人口增长率变化情况下的研究[J].经济与管理研究,2016,37(2)：115-123.

[122] 彭澎.政府角色论[M].北京：中国社会科学出版社,2002：43-47.

[123] 彭希哲,胡湛.公共政策视角下的中国人口老龄化[J].中国社会科学,2011(3)：121-138.

[124] 彭希哲.实现全面二孩政策目标需要整体性的配套[J].探索,2016(1)：71.

[125] 平新乔.对于做强做优做大国有资本的若干认识[J].经济科学,2018(1)：15-20.

[126] 戚艳霞.新常态下完善国有企业审计监督的现实需求及对策建议[J].财政监督,2016(11)：57-60.

[127] 齐传钧.人口老龄化对经济增长的影响分析[J].中国人口科学,2010(S1)：54-65.

[128] 齐鹏.中国城乡居民养老保险基金监管分析与对策研究[J].山东行政学院学报,

2017(5)：90 - 95.

[129]　钱瑞,王帆.大数据时代下社保基金云审计风险控制研究[J].财会研究,2017(4)：
　　　　59 - 64.

[130]　乔宠如.国资划转社保基金难在哪?[J].经济,2016(25)：32 - 35.

[131]　秦国荣.劳动与社会保障法律制度研究[M].南京：南京师范大学出版社,2004：
　　　　315.

[132]　邱雅.从数据角度看工资增长与 CPI 关系[J].中国统计,2013(2)：13 - 15.

[133]　人力资源和社会保障部社会保险事业管理中心.中国社会保险发展年度报告 2014
　　　　[M].北京：中国劳动社会保障出版社,2015：19 - 20.

[134]　人力资源和社会保障部社会保险事业管理中心.中国社会保险发展年度报告 2015
　　　　[M].北京：劳动社会保障出版社,2016：17 - 27.

[135]　人力资源和社会保障部社会保险事业管理中心.中国社会保险发展年度报告 2016
　　　　[M].北京：中国劳动社会保障出版社,2017：16 - 26.

[136]　荣刚,李一.国有资本投资运营公司中的党组织参与治理研究[J].理论学刊,2016
　　　　(3)：48 - 53.

[137]　桑助来.德国社会保险体系的特点及启示[J].中国党政干部论坛,2018(3)：
　　　　90 - 93.

[138]　山东将 33 亿国有资产划转社保基金[J].经济导刊,2015(6)：10.

[139]　施锡铨.博弈论[M].上海：上海财经大学出版社,2000：5 - 6.

[140]　史佳颖,胡耀岭,原新.缓解老龄化：适度放宽生育政策有效吗?[J].人口学刊,
　　　　2013,35(3)：73 - 80.

[141]　苏贵斌.现行国有资本经营预算制度的现状及缺陷[J].内蒙古农业大学学报(社会
　　　　科学版),2015,17(2)：25 - 29.

[142]　孙洁,侯帅楠.我国社会保障基金投资现状及绩效评价指数的构建[J].财会研究,
　　　　2016(6)：5 - 9.

[143]　孙蕾,王亦闻,门长悦.中国人口老龄化的区域差异研究：基于省级面板数据的实
　　　　证分析[J].当代经济科学,2015,37(1)：18 - 24.

[144]　孙祁祥,王国军,郑伟.中国养老年金市场未来发展战略与政策建议：2013—2023
　　　　年[J].审计与经济研究,2013,28(5)：3 - 13.

[145]　孙祁祥,朱南军.中国人口老龄化分析[J].中国金融,2015(24)：21 - 23.

[146]　孙肖珏.黑龙江省养老保险基金存在的问题成因及建议[J].商业经济,2017(6)：
　　　　20 - 21.

[147]　汤梦君.中国生育政策的选择：基于东亚、东南亚地区的经验[J].人口研究,2013,
　　　　37(6)：77 - 90.

[148]　唐大鹏,翟路萍.中国社保基金投资组合可以降低投资风险吗?[J].经济管理,
　　　　2014,36(3)：169 - 179.

[149]　田雪原.人口老龄化与养老保险体制创新[J].人口学刊,2014,36(1)：5 - 15.

[150]　童玉芬.人口老龄化过程中我国劳动力供给变化特点及面临的挑战[J].人口研究,
　　　　2014,38(2)：52 - 60.

[151]　汪霏.我国社会保险基金监管的问题与对策研究[J].中国集体经济,2015(19)：

88 - 90.

[152] 汪伟. 人口老龄化、生育政策调整与中国经济增长[J]. 经济学(季刊),2017,16(1)：67 - 96.

[153] 王长友,戚艳霞. 国外国有企业审计情况与借鉴[J]. 审计研究,2016(3)：17 - 25.

[154] 王翠琴,田勇,薛惠元. 城镇职工基本养老保险基金收支平衡测算(2016～2060)：基于生育政策调整和延迟退休的双重考察[J]. 经济体制改革,2007(4)：27 - 34.

[155] 王广州,张丽. 到底能生多少孩子？——中国人的政策生育潜力估计[J]. 社会学研究,2012(5)：119 - 140.

[156] 王桂新,干一慧. 中国的人口老龄化与区域经济增长[J]. 中国人口科学,2017(3)：30 - 42.

[157] 王海逸. 论我国养老保险法律制度的结构问题及其完善[J]. 中国集体经济,2018(1)：118 - 119.

[158] 王绛. 划转部分国资充实社保基金试点存在的问题和建议[N]. 21 世纪经济报道,2017 - 11 - 30(003).

[159] 王金营,戈艳霞. 全面二孩政策实施下的中国人口发展态势[J]. 人口研究,2016,40(6)：3 - 21.

[160] 王军. 生育政策调整对中国出生人口规模的影响——基于生育意愿与生育行为差异的视角[J]. 人口学刊,2015,37(2)：26 - 33.

[161] 王录仓,武荣伟,刘海猛,等. 县域尺度下中国人口老龄化的空间格局与区域差异[J]. 地理科学进展,2016,35(8)：921 - 931.

[162] 王其巧. 系统动力学[M]. 上海：上海财经大学出版社,2009：32.

[163] 王文举. 博弈论应用与经济学发展[M]. 北京：首都经济贸易大学出版社,2003：7 - 12.

[164] 王文举. 博弈论应用与经济学发展[M]. 北京：首都经济贸易大学出版社,2003：7 - 12.

[165] 王先柱,吴义东. 人口老龄化、出生率与房价：基于房地产市场的区域特征[J]. 华东师范大学学报(哲学社会科学版),2017,49(3)：145 - 154.

[166] 王延中,龙玉其. 社会保障概论[M]. 北京：中国人民大学出版社,2017：86.

[167] 王燕杰. 城乡居民养老保险基金缺口分析——基于城乡养老保险一体化[J]. 现代商贸工业,2017(27)：136 - 137.

[168] 王玉玲,郑思海. 中国特色社会主义财政模式：一个基本框架的分析[J]. 中国特色社会主义研究,2018(1)：50 - 56.

[169] 王则柯,李杰. 博弈论教程[M]. 北京：中国人民大学出版社,2004：37.

[170] 王震中. 社保基金筹资模式优化研究[D]. 天津：天津财经大学,2013：30 - 31.

[171] 王志宝,孙铁山,张杰斐. 人口老龄化区域类型划分与区域演变分析：以中美日韩四国为例[J]. 地理科学,2015,35(7)：822 - 830.

[172] 王柱,方彬. 养老保险基金收支监测预警系统的设计与实现[J]. 数学的实践与认识,2014,44(7)：23 - 29.

[173] 魏峰,荣兆梓. 基于效率视角研究国有企业利润来源——来自 15 个工业细分行业的证据[J]. 产业经济研究,2012(1)：9 - 16.

[174] 温鹏莉.养老保险基金投资监管成长简史[J].中国人力资源社会保障,2018(1)：29-30.

[175] 邬沧萍,王琳,苗瑞凤.中国特色的人口老龄化过程、前景和对策[J].人口研究,2004(1)：8-15.

[176] 吴健.基本养老保险基金的投资运营[J].中国金融,2017(18)：50-51.

[177] 肖帅,陈少晖.国有资本划转：偿还城镇职工隐性养老金债务的优选途径[J].东南学术,2015(6)：143-150.

[178] 谢明.公共政策概论[M].北京：中国人民大学出版社,2010：134-136.

[179] 熊军.丹麦、瑞典、冰岛北欧三国养老保险基金投资的启示[N].中国劳动保障报,2017-02-17(003).

[180] 徐传谌,张万成.对国有股转持问题的思考[J].社会科学战线,2002(4)：30-35.

[181] 徐婷婷.福建省基本养老保险基金收支平衡现状、预测及影响因素分析[J].社会保障研究,2018(1)：42-49.

[182] 许光建,孙伟.国有企业混合所有制改革的五个关键问题[J].宏观经济管理,2018(1)：20-25.

[183] 薛惠元,郭文尧.城镇职工基本养老保险基金收支状况、面临风险及应对策略[J].经济纵横,2017(12)：74-84.

[184] 薛泽海,陈少强.国有资本经营收益补充社保基金研究[J].中国财政,2010(15)：47-49.

[185] 薛泽海,陈少强.国有资本经营收益补充社保基金研究[J].中国财政,2010(15)：47-49.

[186] 薛泽海,陈少强.国有资本经营收益补充社保基金研究[J].中国财政,2010(15)：47-49.

[187] 杨复卫,张新民.基本养老保险基金的信托投资及其法律配置[J].保险研究,2016(3)：118-127.

[188] 杨俊,龚六堂.国有资本收入对养老保险的划拨率研究[J].金融研究,2008(11)：46-55.

[189] 杨学理,朱衡,杨一帆.养老保险基金风险预警指标体系研究——基于神经网络思想的分析[J].西南交通大学学报(社会科学版),2016,17(3)：72-77.

[190] 杨雪,侯力.我国人口老龄化对经济社会的宏观和微观影响研究[J].人口学刊,2011(4)：46-53.

[191] 杨燕绥.养老金并轨的机遇与挑战[J].行政管理改革,2015(5)：56-63.

[192] 杨宜勇,张本波,李璐,等.及时、科学、综合应对我国人口老龄化研究[J].宏观经济研究,2016(9)：3-19.

[193] 杨颖.我国社保基金监管存在的问题及思考[J].中国总会计师,2016(9)：66-67.

[194] 姚桂芝.科学构建社保基金可持续运行体系[J].中国集体经济,2017(19)：9-10.

[195] 姚金海.人口老龄化、养老金收支缺口与财政风险的传导与化解[J].管理评论,2016,28(4)：62-72.

[196] 叶成徽.基于ARMA模型的海南社保基金偿付能力风险的分析与预测[J].内蒙古财经大学学报,2017,15(1)：1-9.

[197] 尹传刚.把国有资产充实社保基金作为共享发展的制度保障[N].深圳特区报，2017-10-31(B09).

[198] 尹文耀，姚引妹，李芬.生育水平评估与生育政策调整——基于中国大陆分省生育水平现状的分析[J].中国社会科学，2013(6)：109-128＋206-207.

[199] 于滨.论国有资本的力量[J].现代商贸工业，2014(2)：22-23.

[200] 原新，刘士杰.1982—2007年我国人口老龄化原因的人口学因素分解[J].学海，2009(4)：140-145.

[201] 苑梅.中国农村社会养老保险制度研究文献综述[J].石家庄经济学院学报，2010(4)：25-27.

[202] 岳公正，陆云燕.美国社会养老保险基金投资运营的政府管制经验及对我国的启示[J].经济纵横，2017(7)：118-122.

[203] 岳公正，王俊停.构建我国社会养老保险基金支付新型补偿体系[J].经济研究参考，2017(12)：32-33.

[204] 曾益，凌云，张心洁.从"单独二孩"走向"全面二孩"：城乡居民基本养老保险基金可持续性能提高吗？[J].财政研究，2016(11)：65-79.

[205] 翟振武，陈佳鞠，李龙.2015～2100年中国人口与老龄化变动趋势[J].人口研究，2017(4)：60.

[206] 翟振武，陈佳鞠，李龙.中国人口老龄化的大趋势、新特点及相应养老政策[J].山东大学学报(哲学社会科学版)，2016(3)：27-35.

[207] 翟振武，李龙，陈佳鞠.全面两孩政策对未来中国人口的影响[J].东岳论丛，2016，37(2)：77-88.

[208] 翟振武，李龙，陈佳鞠.全面两孩政策下的目标人群及新增出生人口估计[J].人口研究，2016，40(4)：35-51.

[209] 翟振武，张现苓，靳永爱.立即全国放开二胎政策的人口学后果分析[J].人口研究，2014(2)：3-17.

[210] 翟振武，郑睿臻.人口老龄化与宏观经济关系的探讨[J].人口研究，2016，40(2)：75-87.

[211] 张春波.加强社会保障基金投资运营管理工作的探讨[J].经贸实践，2018(3)：95.

[212] 张鹏飞，苏畅.人口老龄化、社会保障支出与财政负担[J].财政研究，2017(12)：33-44.

[213] 张蕊，蒋煦涵.混合所有制改革、国有股最优比例与工业增加值[J].当代财经，2018(2)：115-123.

[214] 张小伟.划转国企红利比划转股权风险小[N].首都建设报，2015-11-04(003).

[215] 张鑫卿.关于中国养老保险基金进入资本市场的思考[J].改革与开放，2016(5)：90-92.

[216] 张屹山，赵立文，刘玉红，等.论国有企业改革的基本方向[J].吉林大学社会科学学报，2018，58(2)：51-59.

[217] 张盈华.基本养老保险基金的风险特征与风险规避[J].上海大学学报(社会科学版)，2013，30(6)：129-138.

[218] 张永杰.云计算视域下养老保险基金联网审计系统建构分析[J].审计研究，2015

(5)：41－47.

[219] 张志平,罗昕.国有资本管理的实施机制与对策研究——基于以"管资本"为主的视角[J].商业会计,2017(4)：15－17.

[220] 赵璧.博弈论视角下的重译者策略空间[D].上海：上海外国语大学,2012.

[221] 赵佳音,孙骁.基于生育率组合模型的分年龄别生育率预测[J].统计与决策,2015,(13)：102－105.

[222] 赵应文.城镇职工基本养老保险基金"收不抵支"原因分析与对策选择[J].北京社会科学,2013(3)：73－81.

[223] 郑秉文.全国社会保障基金理事会管理体制的转型与突破[J].辽宁大学学报(哲学社会科学版),2017,45(3)：1－25.

[224] 郑秉文.中国养老金发展报告2016："第二支柱"年金制度全面深化改革[M].北京：经济管理出版社,2016.

[225] 郑挺国,尚玉皇.基于金融指标对中国GDP的混频预测分析[J].金融研究,2013(9)：16－29.

[226] 郑伟,林山君,陈凯.中国人口老龄化的特征趋势及对经济增长的潜在影响[J].数量经济技术经济研究,2014,31(8)：3－20.

[227] 中国社会科学院工业经济研究所课题组,黄群慧,黄速建.论新时期全面深化国有经济改革重大任务[J].中国工业经济,2014(9)：5－24.

[228] 中国社会科学院人口与劳动经济研究所.人口与劳动绿皮书：中国人口与劳动问题报告No.1[M].北京：社会科学文献出版社,2015：10－50.

[229] 中华人民共和国公司法[M].北京：中国法制出版社,2017：3－21.

[230] 中华人民共和国社会保险法[M].北京：中国法制出版社,2016：5.

[231] 中华人民共和国土地管理法[M].北京：法律出版社,2015：8.

[232] 周成刚.延迟退休年龄对养老保险基金影响的精算分析[J].统计与决策,2015(14)：94－97.

[233] 周黎.划转国有资本充实社保基金的困境及优化路径探究[J].经营者,2017,31(1)：136－137.

[234] 周敏慧,陶然.中国国有企业改革：经验、困境与出路[J].经济理论与经济管理,2018(1)：87－97.

[235] 朱泓,朱忠贵.国有资本多重身份的股东责权探析[J].现代经济探讨,2016(2)：60－63.

[236] 邹东涛,胡继晔.划拨国有上市公司股权充实社会保障基金[J].宏观经济研究,2003(7)：16－17,28.

英文文献

[237] Abel A B. The social security trust fund, the riskless interest rate, and captial accumulation(No. 6991)[Z]. NBER Working Paper, 1999.

[238] Börsch-Supan A H, Coppola M, Reil-Held A. Riester Pensions in Germany: Design, Dynamics, Targetting Success and Crowding (No. 18014)[R]. America: National Bureau of Economic Research, 2012：1－31.

［239］　Börsch-Supan A H. Labor Market Effects of Population Aging［J］. Labour，2003，
　　　　17(S1)：5－44.

［240］　Fisher，Easterly W. The Economics of the Government Budget Constraint［R］.
　　　　The World Bank Overview，1990，5(2)：27－42.

［241］　Samuelson P A，Nordhaus W D. Microeconomics ［M］. New York：McGraw-Hill
　　　　Companies，1997：256.

◢ 索　引